En souvenir de Denyse...

avec le

Bonjour toujours

de

lau Rohan.

20.5.3

Éditions Favre SA

Siège social
29, rue de Bourg
CH-1002 Lausanne
Tél.: 021/312 17 17
Fax: 021/320 50 59
edfavre@span.ch

Bureau de Paris
12, rue Duguay-Trouin
F-75006 Paris
Tél.: 01 42 22 01 90
edfavre@noos.fr

Jack Rollan

Bonjour toujours

Les meilleurs « bonjours » du XXIᵉ siècle
et quelques autres

FAVRE

Remerciements

À Marlise Étienne – directrice de l'édition
qui m'a fait entrer au Biel Bienne

et

À Mario Cortesi – éditeur
qui me laisse écrire tout ce que je veux depuis 24ans...
ces quelques morceaux choisis dans les honorables colonnes
de leur hebdo bilingue + quelques souvenirs piqués chez
fémina et dans La Suisse.

Avec beaucoup d'amitié!

Salut, Jack !

Lisez-vous *Biel Bienne* ? Vraisemblablement pas. Pourtant, c'est dans ce journal que vous pourriez retrouver Jack Rollan qui y a son port d'attache depuis vingt ans pour ses chroniques hebdomadaires et ses coups de colère.

Jack Rollan ? Son nom ne dit plus grand-chose aux jeunes générations, mais il a été l'une des vedettes les plus populaires de ce coin de pays. Un homme de passion et de talent dont Yves Lassueur disait un jour, dans *L'Illustré*, qu'il est une légende vivante. Le petit écran n'existait pas, mais tout le monde connaissant, admirait, craignait ce touche-à-tout talentueux, ce polémiste cinglant.

Je fais partie d'une génération qui a découvert l'humour et la satire politique grâce à lui. J'ai encore dans l'oreille l'indicatif musical de son billet hebdomadaire qui agaçait les notables nais réveillait les Romands. Il nous a appris l'irrespect à l'égard des puissants, donné le goût de la dérision et appris à se rebeller.

Chaque mardi à 13 heures, son « Bonjour » radiophonique bousculait les prudences helvétiques et le conformisme ambiant de cette Suisse de l'après-guerre qui se méfiait de tout ce qui était différent, de tout ce qui était original et remuant.

Alors que Berne confie l'Exposition nationale à Pipilotti Rist et que le *Fond de la corbeille* brocarde les politiques sans que cela soit considéré comme un crime de lèse-majesté, on a oublié ce que fut le conservatisme helvétique des années cinquante, cette peur panique de la contestation et de la critique qui aseptisait les esprits et condamnait ceux qui sortaient du droit chemin.

Impossible de raconter l'histoire de la radio ou de la Suisse de cette époque sans parler de lui, de la *Chaîne du bonheur* qu'il créa avec Roger Nordmann, ou de l'initiative populaire qu'il lança avec Samuel Chevallier pour réduire les dépenses militaires. Bien avant les partisans d'une Suisse sans armée, il osa s'attaquer au tabou des tabous helvétiques et dire à haute voix que la lutte contre la pauvreté était plus importante pour la défense du pays que l'augmentation de son budget militaire.

Il faudrait des pages et des pages pour évoquer tout ce qu'il a entrepris, créé, tenté. Mais ce ne sont pas ses réussites ou ses échecs qui me touchent le plus. C'est son intransigeance, ses passions, son goût de l'irrespect.

Dans ce pays consensuel qu'est la Suisse, cet écorché vif a toujours refusé les compromis, même quand ils paraissaient légitimes. Alors que la prudence conseille la discrétion et inspire la complaisance, il a tiré la langue aux pouvoirs faisant de l'impertinence une règle de vie.

Il n'a jamais accepté de voir limiter sa liberté d'expression. Quand le directeur de Radio-Lausanne critique l'un de ses billets et lui demande de faire preuve de prudence, il renonce immédiatement à poursuivre sa collaboration. Quand l'éditeur de *La Suisse* s'oppose à la publication d'une chronique évoquant les circonstances particulières de la mort d'un cardinal, il claque la porte. Il préfère sa liberté et les fins de mois difficiles au confort tranquille du compromis et de la courbette.

Cette volonté d'indépendance l'a isolé. Elle a fait dire qu'il était difficile de travailler avec lui et qu'il avait mauvais caractère. En réalité, ce maltraité de la Suisse a simplement du caractère. Le caractère tranché d'un hypersensible qui masque ses doutes derrière une apparente désinvolture. Le caractère d'un angoissé, perfectionniste à l'excès, aussi exigeant avec les autres qu'avec lui-même.

Jack Rollan est un polémiste-né, un vrai billettiste. Celui qui connaît l'angoisse devant la page blanche, les difficultés à trouver le mot juste qui touche le lecteur, le sujet qui retiendra son attention. Celui aussi qui cherche les prétextes les plus futiles pour retarder le moment où il faut coucher les mots sur le papier et qui livre son article au dernier moment, au grand désespoir de ceux qui le mettent en page.

Alors qu'il s'était brouillé avec tous les rédacteurs en chef des journaux auxquels il a collaboré, il a rencontré à Bienne un éditeur qui lui fait confiance. Est-ce lui qui a changé ou la Suisse qui est plus tolérante ? À lire ses chroniques, on constate que l'âge n'a pas émoussé sa verve et sa générosité. Son regard demeure caustique et sa plume insolente.

À 80 ans passés, il n'a rien perdu de ses passions, de ses emportements et de ses enthousiasmes, ni appris à être raisonnable. Il a toujours un combat à mener, une baudruche à dégonfler, un notable à critiquer, une mesquinerie à condamner, convaincu qu'un homme libre fait toujours le printemps.

Salut, Jack !

Claude Torracinta

À Mario Cortesi

Permettez-moi, au seuil d'un nouveau siècle dont je ne verrai probablement pas la fin (et vous non plus, dis donc!) de vous informer d'un détail auquel personne n'a jamais pensé – même pas moi! – *depuis 21 ans* que j'ai l'honneur de bonjour-naliser dans BiBi.

Voilà – ou mieux français : Voici :

Pour les besoins élémentaires de ma chronique, j'assume – *depuis 21 ans* – un certain nombre de frais généraux ou ponc-tuels dont il ne me paraît pas indécent de vous soumettre la liste approximative et non exhaustive – *pour la 1ʳᵉ fois depuis 21 ans!*

Je laisserai élégamment de côté les notes d'honoraires des kinésithérapeutes (je ne dis pas kino – votre passion) occasion-nées par les nombreux lumbagos survenant lorsque l'inspira-tion ne survenant pas me retient plus de 15 heures d'affilée courbé sur la table d'opération jonchée de mes brouillons A4.

Je ne mentionnerai pas non plus le prix du scotch (pas le rouleau, dis donc!) parfois nécessaire – pas toujours mais quand même, tu vois? – pour donner à ma chute finale l'audace ou le pep qui feront dire au lecteur : – Aber lose mal, où c'est dis donc qu'il va droit chercher tout ça?...

En revanche, contrairement au statut des journalistes mai-son qui disposent d'ordinateurs sophisticationnisés branchés sur les sites internetérotiques bilingues pour agrémenter leur andropose-café, je dactylographie moi-même à deux doigts sur une machine personnelle *(la 3ᵉ en 21 ans)* et j'envoie mes textes à mes frais *(depuis 21 ans)*, au début par express, puis par fax postal à 5 francs le coup + le taxi (car le seul appareil se trouvait à la gare à 25 minutes pédestres de ma mansarde, soit près d'une heure avec le retour) et, enfin, par mes propres fax à moi – c'est-à-dire *trois en 15 ans*...

À quoi s'ajoutent les coups de fil pas si faciles avec la rédac-tion («occupé»), la comptabilité («Veuillez rappeler»), le cor-recteur («en congé»), les réclamations («prière d'écrire»), Mme Étienne (en Espagne) et M. Cortesi (à Hollywood) – tut tut tut.

Et n'oublions pas les stylos. Mon père, pour ses 20 ans, avait reçu un «stylographe bec en or, cadeau dont il se servit toute sa vie. Moi, entre les Bic et les feutres, j'ai calculé que depuis la Libération j'en avais pour plus de 2000 balles... Passons!

7

Mais n'oublions pas, dis donc ! Car à part les stylos, le papier A4 et les dicos (*Larousse* et *Robert* tous les deux ans because le new franglais branché), il y a chaque semaine *(depuis 21 ans)* les journaux (à part **Biel Bienne** pour les graffitis dans les pissotières et le nouveau directeur des abattoirs) journaux dont j'ai besoin, quotidiens et hebdos, pour suivre la carrière de Couchepin, les amours de Martina Hingis, la vache folle en Italie et les porcs autrichiens qui viennent faire les cochons chez nous sans que personne n'en parle à part moi – tiens ! tiens !

Et tout cela, carissimo direttore, *depuis 21 ans*, alors que vos rédacteurs titularisés disposent gratos de tout cela sur place avec la machine à café – en plus des congés-maladie, vacances payées, 2e pilier et probable 13e mois...

Vous me direz, fort justement, que, là contre, ils assument la semaine de 5 jours !

Voui ! Bien sûr ! D'accord ! OK ! – mais moi, ma maman le disait toujours, je suis unique et irremplaçable, – et vous en aurez la douloureuse confirmation avant la fin de ce siècle...

Or donc, si l'on s'amusait à multiplier les frais que j'ai dits plus haut (ou à côté, ça dépend du metteur en page, tu vois ?) nous arriverions, calculette en main, au décompte suivant – que je vous prie, carissimo direttore, de parcourir en souriant...

Journaux : 25 fr. par semaine =	1250.– par an
Tél. + Fax : 10 fr. par semaine =	500.– par an
Papier (main/machine/fax) =	40.– par an
Stylos =	20.–
Dicos =	20.–
Amortissement 3 Fax =	50.–
Amortissement 3 machines dactyl. =	40.–
Toto grosso 1	920.– par an

Sans aller jusqu'à multiplier par 21 *(21 ans !)* comme me le conseille Maria del Ponto, contentons-nous de diviser par 12 pour arriver à 160 fr. par mois.

Donc par moi.

Sans vacances, ni congé-sida, ni 7e pilier de la Sagesse – et *depuis 21 ans*, vous l'ai-je déjà dit ?

Dès lors, il serait hasardeux et trop procédurier de tenter d'obtenir la totalité des frais accumulée durant deux décennies (plus de 40 000 fr. !) malgré les entrées dont je dispose au

Tribunal international des crimes de guerre. En revanche, il ne me paraît pas extravagant de souhaiter vous voir envisager d'un œil favorable le versement, dès le 1er janvier, d'une «prime» mensuelle de 150 fr. à verser sur un compte différent afin de la protéger du fisc puisqu'il ne s'agira pas d'un revenu mais d'un revenant.

De toute façon, je vous remercie de m'avoir lu avec bienveillance parmi les petites annonces des masseuses plus attirantes que ma prose à côté de leurs proses, et j'espère que vous voudrez bien me pardonner le si grand retard que j'ai pris pour vous signaler (après 20 ans) une injustice sociale que votre idéal centre-gauche bien connu se réjouira sans doute de corriger.

Et c'est dans cet espoir que je vais m'endormir, jusqu'au prochain numéro, en priant pour vous, vos amours, la prospérité de Bienne, le succès de son journal, et le salut de votre âme, – qui me paraît assuré, d'ailleurs, dès lors que vous aurez exaucé le vœu de votre humble, très dévoué et très fidèle serviteur.

Ah! ce qu'on baise!

Or donc, en complicité avec un peintre français (J.P. Rémon), j'ai commis un grand livre pour un éditeur d'art. Grand par le format et le prix, consacré aux 18 plus grands lacs de Suisse – qui en compte (le saviez-vous?) exactement 1484...

Il en va de ce genre d'ouvrage, très au-dessus de mes moyens, comme des Rolls carrossées par Lamborghini, ça ne se trouve pas en vitrine, mais ça se propose par courtier BCBG prenant rendez-vous par fichier haut de gamme soigneusement protégé.

Mais, pour le prestige, l'éditeur-carrossier de luxe organise par-ci par-là des «vernissages» dans une galerie d'art ou dans les salons feutrés d'un palace.

L'artiste et l'auteur invitent alors par carton glacé à trois volets quadrichromiés tout le gratin de leurs amis, connaissances, relations et, par voie de conséquences, les copains des connaissances, les camarades des relations, les voisins des amis, les maris des voisines, les collègues des maris, les concubines des collègues – bref! tout un microcosmos (comme disent les intellos branchés) où tout le monde vous parle en même temps, où chacun vous répète qu'il «n'en ratait pas une quand vous étiez à la Radio», où la grosse dame que vous ne reconnaissez pas joue des cils pour vous rappeler à mots couverts qu'elle n'a pas oublié – elle! –, où un barbu tonitruant évoque des souvenirs militaires qui ne sont manifestement pas les vôtres, plus le monsieur qui bégaie et qui vous demande à quelle heure commence le concert...

Mais le plus grave, ce sont les embrassades...

J'ai toujours su qu'entre gens bien élevés, on ne s'embrassait pas en public – ni au théâtre, ni au concert, ni aux vernissages, ni au restaurant (surtout avec la bouche pleine!).

Reste, bien sûr, toutes les exceptions: les quais de gare pour les adieux, les halls d'hôtel pour les retrouvailles, les églises pour les mariages, les cimetières pour les condoléances, et le trottoir pour les fins de soirée.

Tempi passati? Depuis quelque temps, tout le monde vous embrasse n'importe où, n'importe quand, à bras-le-corps et à grands coups de baisers sonores – le 1er à gauche, le 2e à droite et le 3e (c'est sacré!) retour à gauche.

Les dames à qui vous tentez encore un discret baise-main vous empoignent d'autorité par une épaule pour vous appliquer les trois bécots claquant – de préférence sur l'oreille.

Le copain à qui vous donnez l'accolade des hommes vous baise maintenant les deux joues comme on fait à sa cousine, – les pires étant les barbus qui vous raclent le profil de ce paillasson malvenu et parfois humide encore de l'embrassade précédente.

À noter qu'à cette saison, **tous** les invités sortent d'une vilaine grippe dont ils vous font la confidence entre deux bisous, ou d'une sale bronchite qui graillonne à votre oreille, à part ceux qui se sont «enrhumés ce matin» mais qui ont tenu quand même à venir vous manifestchoummm leur amitié...

C'est dans ce nuage mondain de virus distingués et de bacilles amicaux que l'artiste fêté sourit à la ronde et distribue les C'est-gentil-d'être-venu-surtout-par-cette-bise.

– Ne m'en parlez pas! s'écrie l'épouse du banquier entre deux baisers à l'orangeade (car il y a toujours un buffet dans les vernissages), j'avais encore 37,5 en me couchant hier soir! Faut-il que je vous aime!

Et hop! elle me rembrasse.

Bien entendu, je n'ai rien contre les baisers d'amitié – et la présence de chacun de ces invités m'a fait autant de bonheurs qu'ils étaient!...

Mais sait-on ce que c'est que d'embrasser 200 personnes en une après-midi?...

À 3 baisers (gauche-droite-gauche) à l'arrivée?

Et 3 autres (gauche-droite-gauche) quand elles s'en vont?

Pas besoin de ma calculette japonaise pour découvrir le total reçu en pleine poire de 1200 baisers – au champagne, au coca, à l'Yvorne, au nescafé, au 5 de Chanel, aux miettes de feuilleté, au rouge de Cardin, à la mousse de foie gras, au brissago refroidi et à la Camel encore chaude...

Plus la dame qui a oublié son parapluie (ça m'arrive tout le temps!) et qui en profite pour m'en rappliquer trois et à qui je suis bien obligé de rendre «la politesse»!...

Dieux merci! ce n'est pas comme ça qu'on attrape le sida – mais, quand même, alors que dans tous les zoos, on nous fait défense de toucher les chimpanzés, est-il bien raisonnable de baiser pareillement un artiste sans défense???

En vitrine...

Or donc, que mes effarouchées de Tavannes et Moutier s'empressent de tourner la page avant de s'évanouir... car il va derechef être question de sexe...

Et qui plus est: de sexe payant!

On prétend que c'est le plus vieux métier du monde, ce qui donnerait à imaginer que les premières prostituées pratiquaient dans les cavernes de massage où les clients venaient en faisant croire à bobonne qu'ils allaient chasser le diplodocus. Jurasex Park.

Plus tard, ça devait être moins confortable sur les pilotis – et ce n'est pas Mme Wenger qui me contredira.

Par la suite, quand la civilisation inventa le trottoir, l'industrie en question prit un essor réjouissant pour les souteneurs qui pouvaient aisément contrôler leur personnel – bien avant les vidéos des grandes surfaces.

Enfin vinrent les bordels, ainsi nommés parce que primitivement situés au bord de l'eau, où les pensionnaires, nourries-blanchies, firent à Paris le succès de nombreux peintres et, en Avignon, la gloire de Picasso, - bien qu'on ne puisse pas prétendre, dis donc, que ses demoiselles au cubisme manquant de rondeurs fussent sexuellement très attirantes...

Comme aurait dit Coluche : À se taper une de ces gonzesses, tu te retrouverais avec des bleus partout et trois phalanges en moins !

Plus délicat et fin collectionneur d'art et de femmes, Guitry, lui, aurait pu dire : – Mmmmm... voilà des demoiselles que l'on mettrait plus volontiers à son mur que dans son lit...

Puis vint l'ère des call-girls qui répondaient : « Allô ? je coûte ! », remplacées aujourd'hui au n° 156 par de semblables téléphoneuses mais qui ne parlent plus d'argent mais d'amour « hard » à 2 francs 50 la minute, en laissant au client le soin de s'orga(sm)niser tout seul à l'autre bout du fil. (Je vous avais bien dit de tourner la page, Mesdames !)

Et voici que Genève innove résolument en mettant des belles-de-nuit en vitrine, à l'exemple des capitales du nord. Plus qu'à moitié nues pour amarrer le chaland qui passe, les envitrinées n'ont plus grand-chose à retirer pour s'offrir inté-gralement à l'amateur de professionnelles, et la photo publiée par le blickwelche nous montrait – en couleur ! – le provocant poster de la première locataire de ce lieu des sens.

Que dirait Calvin ! mes biens chers frères, lui qui condam-nait le décolleté des protestantes, s'il découvrait ce déculté pas très catholique ?

Inutile de dire que le succès de ces filles en cage est garanti et que cette nouvelle sorte de lèche-vitrines va redoubler l'at-trait sexifique des Pâquis – le quartier chaud de Genève. Mais attention mes amis : si vous n'êtes pas du coin, ça ne vaut pas le détour... À part l'indécent àpoilisme racoleur des exhibeuses sous-verre, le plumard n'est qu'une mauvaise couchette de camionneur à une place (râpé, dis donc, pour le Käma-süträ !) et une seule salle d'eau pour trois cabines – bonjour l'intimité !...

À part la nana, mes bien chers frères, on est mieux à Bochuz – encore que je ne sois allé ni à l'un ni à l'autre – jusqu'à main-tenant.

N'est-ce pas Françoise Sagan qui disait « Bonjour triste sexe... » ?

Lecture fléchée

Or donc, un éditeur inspiré (Marabout) a compris que les gens, et particulièrement les jeunes, n'avaient plus de temps de lire.

Il a donc inventé la lecture «fléchée» selon le principe de la signalisation routière qui vous indique les meilleurs parcours à suivre...

Notons d'emblée une lacune du procédé qui se contente de conseiller des chapitres, mais sans aller jusqu'au «passage interdit»... et souhaitons que l'oubli soit bientôt corrigé.

En revanche, le lecteur extrêmement pressé trouve en fin de volume un résumé qui lui permettra, en quelques lignes, de savoir qu'à la fin de «Crime et Châtiment», le malheureux Raskolnikov sera déporté en Sibérie pour avoir assassiné Madame Bovary, – ce qui est le danger des lectures trop rapides pour être bien assimilées, mais l'important est de ne plus perdre de temps!

Mais pour ceux, qu'on espère nombreux, qui disposent encore d'une heure par semaine, les flèches de l'éditeur indiquent plus sûrement ce qu'il faut savoir de l'action sans se laisser distraire par les boutons dépareillés de la redingote du Père Goriot pleurnichant dans la solitude d'un misérable logis qui n'intéresse personne tandis que ses salopes de filles s'envoient en l'air, dis donc, que c'est un vrai plaisir de suivre la flèche...

Idem pour «Germinal» où l'édition originale n'en finit pas de nous décrire la misère, le froid, la faim et la colère de ces milliers de prolétaires redescendant tous les matins dans ces mines mal chauffées alors que le lecteur a compris dès la page 27 que ça va lui prendre au moins quatre longues soirées sans rien changer au sort de la classe ouvrière.

Alors oui: vive la flèche aux bons endroits où ça bagarre, où l'armée tire dans le tas, les femmes qui hurlent, l'eau qui monte, le salaire qui descend – et tant pis pour les états d'âme qui se ramassent à l'appel de la sirène = espoir!

Et merci à ce monsieur Marabout, éditeur raffiné et sensible, dont l'idéal est de nous redonner l'envie de lire davantage en lisant moins.

Voilà un homme, dis donc, qui a du pain sur la planche et des flèches dans son carquois! En avant donc! Tout reste à faire car, après la littérature et ses descriptions superfétatoires, viendra la poésie et ses languissantes rêvasseries. Puis le roman policier avec des flèches pour suivre l'assassin malgré les pièges de l'auteur qui fait peser des soupçons sur un autre. Puis le Kama Sutra avec des flèches de Cupidon je ne vous dis pas où et son résumé en sanscrit d'origine: Oôôôô!!!

Et enfin le plus gros, le plus lourd, celui qu'on n'a jamais le temps de tout lire – avec une seule flèche à côté de la croix.

Alors ne restera plus que les journaux, vite résumés à part celui-ci où je vous laisse le soin de flécher le bonj... endroit!

La Fête «protégée» des Vignerons

Or donc, Vevey prépare, dans la fièvre qu'elle s'autodéclenche quatre fois par siècle, sa fameuse *Fête des Vignerons*.

J'ai connu indirectement cette frénésie dans mon enfance grâce à mon père (président) qui fut chargé de constituer l'énorme orchestre de celle de 1927.

Autant dire que, durant les deux mois précédents, puis les deux mois «pendant» et, enfin, les deux mois suivants, toute la tribu participera 16 heures sur 24 aux préparatifs, aux répétitions, puis au triomphe du «Petit Chevrier» et aux retombées radiophoniques et disquaires de l'événement.

Costumes, décors, solistes, 130 musiciens, 500 choristes, 2000 figurants, 8 fanfares, 26 chevaux, 12 bœufs, Gustave Doret (dieu de la fête) et Papa qui rentrait le soir – superbe – dans son beau costume de serge beige à revers bordeau, avec culotte «directoire» s'arrêtant au genou sur des bas blancs s'enfilant dans des escarpins à languette frangée, le haut coiffé d'un souple chapeau de paille à l'aile très large pour contrarier le soleil entre le musicien et son pupitre, tout cela tourbillonnant dans ma petite tête d'enfant me permet de dire aujourd'hui que je n'ignore pas grand-chose du maelström qui s'abat quadrosièclurainement sur la Riviera vaudoise.

(Et si quelqu'un trouve un adverbe plus convenable pour indiquer 4 x par siècle, qu'il s'annonce!)

Mais disons vrai: je ne sais pas tout – n'ayant pas vécu moi-même cette fièvre-du-ça-me-dit-boire (pardon Michel Dénériaz!) mais j'ai appris sur place que chacune de ces «Fêtes des Vignerons» avait provoqué un «baby-boom» significatif entre février et mai de l'année suivante – compte tenu des répétitions qui commencent bien avant les spectacles...

En effet, comment éviter que des milliers de participants, choristes, danseuses, figurants, tambours, porte-drapeaux, bacchantes dénudées et satyres presque à poil, Cent-Suisses et dragons ne se mettent à draguer dans cette foultitude de jolies mômes et de beaux gars comme faits exprès en âge de se regarder (à l'audition), de se plaire (à la sélection), de se frôler (à la répétition) et de s'embrasser à la récréation...

Et c'est ainsi, dis donc, que toutes les 20 et quelques années, se renouvelle la population de la Riviera entre les chœurs d'hommes de St-Saphorin et les chœurs de dames de Montreux renforcés par les armaillis du Moléson et les basketteuses de la Tour-de-Peilz...

Le nombre des nouveau-nés nés de ces festivités est incontrôlable, – à se demander si la Riviera vaudoise, dis donc, **sans** sa Fête des vignerons ne serait pas sérieusement sous-développée???...**mais**...

Mais voici qu'arrive la nouvelle qu'en raison – nouvelle aussi – du sida (dont on ne parlait pas lors des fêtes d'avant) et que, par prévision de ces prochaines rencontres festivigneronnes, il vient d'être décidé de distribuer non seulement des conseils et avertissements mais aussi... des préservatifs!

Je ne sais pour l'heure ni quand, ni où, ni comment ils vont s'y prendre, mais en tant qu'homme de spectacle, moi je les intégrerais dans le final – lancés dans le public par les prêtresses de Bacchus en string et bas résille...

– Dis, Maman, qu'est-ce qu'elles nous envoient, les côles-gueurles de Sinsafe? C'est pas des bubelgum – on peut pas les gonfler!...

– Ça ne se gonfle pas comme ça, mon chéri, donne-le à ton papa...

– Dis, Papa, comment ça se gonfle ce truc-là?

– Donne-moi ça, je t'expliquerai à la maison!

– Mais quand même, Papa, puisque c'est dans le programme?

– Ah! mairdalord dis donc! Regarde plutôt le spectacle à 150 balles la place et souviens-toi qu'à ce prix-là ce n'est pas le moment de parler du sida!!!

Hé! oui... qui aurait dit au «Petit Chevrier» qui fit pleurer nos mères qu'il faudrait un jour capoter son bouc pour le prochain millénaire?...

Ouais, bon, d'accord, OK. Mais, entre nous, mes bien chers frères, qui aura le courage publicitaire d'afficher:
La **fête** préservatisée **des vignerons** capotés.

Voir Naples et mourir

Or donc, le proverbe nous conseille de mourir après avoir vu Naples – et ce slogan me paraît venir d'un poète échevelé plutôt que de l'Office du tourisme. Car, je vous le demande, où serait l'intérêt si les visiteurs fascinés dès leur arrivée par la somptueusité du site, s'écroulaient foudroyés au premier coup d'œil sans avoir eu le temps de consommer un ristretto?...

Mais la situation nouvelle devrait inciter les édiles napolitains à modifier le dicton, car l'augmentation de la population amène des conséquences inattendues. D'ailleurs, le phénomène de la surpopulation est désormais général – ce qui ne manque pas d'être surprenant sur une planète où les occupants s'entretuent par plaisir, par patriotisme, par vengeance, par jalousie, par amour, par orgueil, par intérêt et même par suicide...

Rien qu'à nos portes, en 80 ans, Allemands et Français se sont massacrés trois fois avant de faire le Marché Commun. Les Anglais, plus pudiques, allaient faire ça plus loin contre des gens moins distingués qu'eux afin d'avoir du soleil jour et nuit sur leurs pubs; les Japonais tuaient du Chinois, les Russes éventraient du Japonais et les Ricains firent un suprême point d'orgue sur Hiroshima pour rappeler qu'ils étaient plus forts que les communistes.

À ce propos, n'oublions pas le Petit Père des Peuples qui diminua le sien de 9 millions de camarades pas syndiqués, inspirant ainsi son homologue Pol Pot (2 millions), de son vrai nom Saloth – qui lui allait mieux car c'était vraiment pas mon pote.

Bref! en comptant vite et en ajoutant les hécatombes africaines, les épurations bosniaques, et en rappelant à la Turquie l'extermination des Arméniens, nous arrivons tranquillement (si l'on peut dire) à 100 millions de morts en un siècle.

Dix-sept fois la population suisse...

Et pourtant, en détaillant mieux, ça ne fait jamais qu'un million par année, soit 83 333 par mois, donc 2777 par jour = 115 à l'heure, c'est-à-dire pas même deux pour 60 secondes...

Et là, dis donc, je n'ai plus besoin de ma calculette pour affirmer que durant la même minute, il y a plus d'un couple occupé à faire ce qu'il faut pour remplacer ce 1 virgule 9 disparu dans ces guerres...

D'où l'explosion démographique (baby-boom) malgré la grippe d'automne, la tuberculose qui revient, le cancer permanent, le sida volontaire, les famines à la mode et la voiture automorbide.

Voilà pourquoi à Naples, comme ailleurs, la population excédentaire pose non seulement un problème de logement pour les vivants, qui peuvent se serrer, mais encore un véritable embouteillage « au niveau » de l'enterrement des défunts qu'on ne peut pas entasser !

À ce point, rigole pas, qu'on doit distribuer des tickets numérotés aux familles éplorées qui sont fermement priées d'attendre leur tour avant de trouver une place disponible au cimetière...

Pire que pour la Fêtes des Vignerons, dis donc !

L'information dont je dispose n'indique pas les délais d'attente au frigo napolitain – selon que vous êtes décédé riche ou défunté fauché, trépassé notable ou clamsé prolétaire, dépouille de puissant ou carcasse de misérable. Mais la réalité est là qui vous conseille, si vous êtes des gens cardiaquement émotifs aux panoramas bouleversants de ne pas débarquer à Naples sans avoir préalablement consulté des prospectus quadrichromes, collectionné des cartes postales grand format et même visionné quelques vidéos enmusiquées d'« O Sole mio ! ». Car il va sans dire que dès lors que les indigènes manquent de tombes, vous tombez mal en tombant raide chez des gens qui vivent sur place des vivants qui passent.

Il serait donc temps, mes bien chers frères, que l'Office susmentionné complétât son invite en précisant :

Voir Naples – et mourir ailleurs, please !

Façon polie de nous envoyer nous faire voir chez les Grecs.

C'est de l'autre côté.

Jack Rollan

Femmes au Pouvoir

Or donc, Dieu créa la Femme après avoir jugé – à tort ou à raison – qu'il n'était «pas bon que l'homme soit seul» (Gen. 11 h 18).

À mon avis c'était à tort puisque, étant lui-même célibataire, dis donc, il était mal placé pour décider!

Mais le mal était fait (le mâle étant refait), il fallut bien «faire avec» et avec toutes les conséquences que nous connaissons, – cela dit sans regret ni amertume, plusieurs de ces conséquences étant agréables à l'usage.

En somme, tout allait bien jusqu'à la dernière guerre, dite mondiale pour qu'on s'y retrouve. Les femmes, alors, nous cajolaient, nous attendaient le soir, nous réveillaient le matin, nous écoutaient, nous consolaient et, même, parfois, nous admiraient!

Au point, dis donc, qu'on pouvait croire finalement que le Bon Dieu avait eu là une assez bonne idée...

D'autant plus que, sans en avoir l'air, bon nombre d'entre elles régnaient plus ou moins discrètement sur la destinée de leurs Jules. Les mâles avaient beau rouler les mécaniques pour impressionner les enfants = cause toujours mon bonhomme tu finiras bien par me le payer le joli chapeau que j'ai vu en vitrine...

Jusqu'au jour où la bombe d'Hiroshima déglingua je ne sais trop quoi dans l'équilibre originel.

Subitement, les femmes décidèrent de ne plus porter de chapeaux et proclamèrent l'égalité des sexes.

Tel que.

Furieux, les mâles ont ironisé:

— Et ta sœur? qu'on leur a dit.

— Ma sœur aussi! qu'elles ont répondu.

Le ton était donné et la civilisation allait tomber des Caraïbes en sida.

Non seulement les femmes ne nous obéissent plus mais elles entendent carrément nous diriger.

On en signale même une qui s'est introduite au sein du Conseil fédéral, dis donc!

Pour l'instant, elle n'y a pas grand-chose mais c'est un pied dans la place en attendant qu'elle mette les deux dans le plat.

Déjà, il ne lui suffit plus d'être conseillère fédérale et celle-ci revendique le nom de «cheffe» de département afin de préciser que «conseillère» est un titre, tandis que «cheffe» est un grade.

Encore heureux qu'elle nous ait épargné la cheffesse.

À part quoi célibataire farouche pour bien montrer que les hommes ne sont pas nécessaires au fonctionnement neurovégétatif d'un organisme féminin.

Rappelons que cette fâcheuse promotion politico-sociale est principalement due à de Gaulle qui instaura le suffrage féminin sans me demander mon avis. Selon moi, le permis de conduire, déjà, représentait une faveur discutable qu'il ne fallait pas aggraver par le permis de conduire le pays.

On connaît aujourd'hui le résultat de cette démagogique degaulloiserie. Partout, des femmes perdues abandonnement leur foyer pour se lancer dans l'adultère de la politique. Livrés à eux-mêmes, les orphelins de ces militantes doivent se nourrir de Findus précuisinés tandis que leurs pères sombrent dans l'alcoolisme et les jeux télévisés.

Horreur suprême et définitive : dimanche, les Rhodes-Extérieures, dernier bastion des virils Conservateurs, ont cédé deux places à des candidatures radicaudes.

Il ne suffit donc plus de leur céder notre place dans le tram, Maman : elles nous la prennent au gouvernement !

C'est ainsi qu'à Lausanne, le syndic est devenu syndique.

Ce qui explique que dans la Cité de Calvin qui connut plus d'un tribun genevois, on attend désormais la tribune de Genève.

Et tant pis pour La Suisse !

Comme dit Lamunière...

Le 6ᵉ Quark !

Or donc, le 6ᵉ quark est découvert grâce à un labo américain spécialisé dans l'étude des particules.

Il était temps !

Depuis des années, je me posais la question sans trouver de réponse, et je ne saurais dire combien de fois le problème m'aura tenu éveillé – sans compter les nuits où je me suis réveillé brusquement en croyant avoir trouvé le fameux quark qui manquait dans l'assemblage des constituants fondamentaux de la matière.

C'est dire à quel point je me suis senti soulagé en apprenant par le journal de l'autre matin que les chercheurs du laboratoire Fermi venaient d'identifier l'indispensable 6e quark inconnu !

Dès lors tout s'explique, dis donc !

Nous connaissions, bien sûr, le rôle essentiel des nucléons dans les interactions gravitationnelles et, notamment, lorsqu'on place une chaîne d'antiparticules face à un lot équivalent de particules d'antimatière.

Mais il y a longtemps que je me demandais comment – et pourquoi ! – le cortège d'électrons positifs qu'on projette contre un carrousel de neutrons négatifs restait sans effet sur la désintégration de l'atome isotope ???

Car c'est bel et bien là que réside le grand mystère de nos origines !

Le pas que nous venons de franchir l'autre jour sera donc capital dans l'approche du non moins fameux «Big-Bang» dont l'explication m'a plus d'une fois opposé à la théorie d'Einstein – trop tôt disparu, hélas, pour que je puisse lui proposer de comparer nos points de vue respectifs.

Quoi qu'il en soit, ce 6e quark enfin mis au jour va mettre tout le monde d'accord.

Mais pour les lecteurs qui auraient oublié les données fondamentales de la question, il ne sera pas inutile de rappeler que l'univers est constitué de cette Matière issue de l'antimatière et constituée de la chaîne qui part de la meule d'Emmental pour arriver aux infiniment petits qui composent l'atome. C'est ainsi que nous savons que les molécules en mouvement dans le noyau se retrouvent, identiques, dans la roche du Cervin et dans les nichons de la voisine ; seule la consistance est différente et vous permet, ainsi, de préférer l'une ou l'autre – selon que vous êtes grimpeur ou coureur.

J'ai choisi ces deux exemples pour bien souligner que si «tout est poussière» (comme dit la Bible), tout est avant tout matière, y compris la poussière, dis donc, tout comme la saucisse aux choux, la descente de lit, l'eau du robinet, la canne à pêche, le quai de la gare, les neiges éternelles, la corne des vaches, le chat de la concierge, le journal que vous tenez, les bras du fauteuil, les pieds de la table et la main de masseur.

Et rien de ce que l'Homme a cru inventer, dans sa grande vanité, n'échappe à cette règle cosmique. Le cristal de Bohême, l'élastique à chaussettes, le ciment des pyramides, le linoléum du vestibule, le savon de Marseille, l'acier trempé, les bas nylon, le disque compact, la capote anglaise, la sécotine et le fil à couper le beurre, tout est matière en mouvement minuscule et tourbillon gigantesque jusque dans les cendres de nos lettres d'amour, tel un interminable ouragan de protons positifs dont la farandole vertigineuse se jette dans le carnaval éternel des électrons négatifs allumés par la collision des photons et des gravitons – ce qui forme, comme chacun le sait, l'atome sur lequel l'homo-sapiens se retourne chaque fois qu'il en croise les trois cent quarante mille billions de mille milliards de millions qui constituent l'ensemble qu'on appelle la Femme...

Certes, pour l'avoir fait jusqu'ici instinctivement des milliers de fois, nous savions **comment** nous retourner sur ce ravissant volume d'atomes crochus.

Mais c'est – enfin ! – grâce à ce 6e quark qui nous manquait que nous saurons désormais **pourquoi**!!!

Dans nos cantons
chaque enfant n'est soldat

Or donc, trois Suisses sur dix seraient stériles. Ce pourcentage (que d'aucuns estiment alarmant) vient d'un spécialiste du CHUV (VD) désireux d'améliorer la médiocrité de la moyenne nationale. Chacun ses idées, dis donc, mais pour mon goût, tant qu'on ne pourra pas garantir une meilleure qualité des individus à naître, je trouverai aberrant, voire antisocial d'augmenter le cheptel des Helvètes sans savoir si ce supplément nous apportera plus de lambda que Le Corbusier.

Déjà qu'on est comprimé comme sardines en bus et qu'on ne trouve plus d'appartes pour loger les dealers requérants d'asile – au point qu'on doit les foutre en taule au premier coup de couteau ! –, l'idée de déstériliser le tiers des Suisses qui ont la chance de pouvoir coïter sans surencombrer la circulation en y ajoutant des poussettes d'où jailliront bientôt des sauvageons dévalant sur des planches à roulettes, oui – ce projet d'un docteur Follamour me fait peur...

En attendant, ce dangereux chercheur agrémente son utopie d'un postulat militaire pour le moins original. Partant de l'idée que la stérilité masculine se situe dans le spermatozoïde défaillant, d'une part, et qu'il est inimaginable d'aller sonner chez les gens à l'heure où ils améliorent leur QI en regardant les variétés de la télévision, d'autre part, pour leur demander un spermatozoïde du jour en vue d'une enquête scientifique, notre fertilisateur inspiré a pensé à l'armée des recrues qui rassemble un panel exceptionnel de mâles de tous les milieux – paysans, comptables, menuisiers, assureurs, cuisiniers, étudiants, alpinistes, opticiens, chômeurs, flûtistes, mécanos, coiffeurs pour chiens, séminaristes, clercs de notaire, reporters sportifs, danseurs classiques, surveillants de grandes surfaces et un long serpent d'et caetera...

Sans être scientifique chevronné, chacun comprendra qu'un spermatozoïde civil ne change pas de qualité le jour où il devient militaire parce que son gérant change de costume en entrant à l'école de recrues. Tout d'abord, le spermatozoïde vit en troupeau nombreux comme une galaxie.

Difficile dans ces conditions de distinguer le fertile du stérile – même si l'on sait que le plus costaud des milliards de candidats sera le seul à franchir le portillon.

Il faut donc examiner la galaxie in corpore mais orbi corpus pour savoir si la semence du semeur est utile ou simplement divertissante. C'est pourquoi le chercheur du CHUV a fixé à 3000 le nombre des recrues, volontaires, disposées à faire l'offrande à la Science de ce que l'homme ne livre normalement que dans l'intimité de sa bien-aimée, voire, selon les goûts, pour la postériorité (Gilles dixit) d'un confrère ou, plus prosaïquement sous la douche matinale, comme le recommandait le glorieux général de Lattre de Tassigny dans le souci d'avoir ainsi des officiers attentifs.

Bon. Reste à trouver, au rassemblement d'après la diane, le colonel qui, ayant fait commander le «repos!», va haranguer la troupe pour encourager nos 3000 volontaires à sortir du rang en s'annonçant bons pour la corvée scientifique...

Et tout d'abord, dites-moi comment va s'y prendre ledit colon pour expliciter (c'est le moment de l'employer, dis donc!), clairement le but et les détails de l'opération... classée X:
– Soldats! Vous avez déjà prêté serment de donner votre vie pour défendre le pays... Eh bien... heu... cette fois le pays vous demande aujourd'hui... heu... de ne donner qu'une partie – une toute petite partie! – de cette vie, d'ailleurs récupérable dans les 24 heures et n'apportant aucun dommage à votre

intégrité corporelle. En outre, vous aurez droit, pour l'occasion à une matinée de congé sans manœuvre militaire à part celle, purement civile et civique, qui vous sera indiquée par les infirmières diplômées du CHUV...

J'ajoute que la préférence ira à ceux qui aspirent au galon de bon tireur vu qu'il s'agira de ne pas rater la gamelle qui vous sera remise pour l'expérience...

Il va t'encore sans dire que la durée de la manœuvre bénévole est laissée aux possibilités de chacun – mais que je compte sur la discipline de tous pour ne pas avoir de tire-au-flanc qui profiteraient de la matinée pour fumer des cigarettes ou des joints sans verser l'obole demandée, ainsi que ceux qui prolongeraient ou renouvelleraient inutilement l'exercice en disposant abusivement du temps dû à la Patrie pour leur loisir personnel et sans but scientifique... J'entends donc que tout le groupe soit de retour en caserne à zéro-zéro-douze et que toutes les baïonnettes soient raccrochées réglementairement tip top propre en ordre. – Rompez!

La question qui se pose maintenant sera de savoir combien de volontaires lèveront courageusement trois doigts (comme au Grütli) pour s'annoncer donneur d'honneur...

Certes, la Suisse est par excellence le pays des dons. Nous avons eu le «Don suisse». Nous avons eu «La semaine du Kilo». Nous avons le ramassage des lainages. Nous avons «La Chaîne du Bonheur». Plus récemment, nous avons vu nos banquiers offrir des dons dis donc astronomiques en échange des cacahuètes oubliées par des juifs de passage. Et c'est depuis longtemps qu'on nous demande notre sang pour la Croix-Rouge. Mais qu'on nous réclame maintenant des spermatozoïdes pour la Croix-Blanche n'ira pas sans soulever moult débats philosopho-religieustiques et contradictions moralo-politico-culturelles! En m'empressant d'ajouter que ma génération, libérée de toute obligation militaire, ne se sent que moralement concernée par le problème, la fertilité des spermatozoïdes restant à notre disposition nous mettant à l'abri des enquêtes de ce genre.

Quoique, dis donc, le souvenir de Picasso et de Chaplin devrait – pourquoi pas? – encourager les pépés qui ont conservé en bon état leurs baïonnettes de la Mob de 40.

Sans oublier Victor Hugo dont le bicentenaire tombe à pic pour nous rappeler que certains spermatozoïdes sont valables bien des années après l'école de recrues.

Bonjour Mesdames!

Mario Sasselli

Il était une fois un pianiste (italien), chef d'un orchestre de jazz qui fit à l'époque les beaux soirs du Moulin-Rouge de Genève – et avec lequel j'ai terminé, jadis, ma carrière de «drumer».

L'aventure qu'il racontait (avec l'accent) assez souvent, car elle était inoubliable, a repris ces jours un regain d'actualité dont je me dois de vous faire profiter.

En ce temps-là, notre pianiste («and his boys») conduisait les thés-dansants sur la terrasse ensoleillée du Kursaal d'été. Mais le soir, la grande salle d'à côté présentait des programmes de variétés dans la tradition classique du music-hall d'avant-guerre, avec une demi-douzaine de numéros divers pour faire patienter le public jusqu'à l'arrivée de la vedette.

Parmi ces numéros de remplissage, un jeune inconnu chantait gentiment d'aimables chansonnettes sans avenir en compagnie d'un partenaire qui tenait aussi le piano.

Or donc, voici qu'entre deux tangos, le chef d'orchestre de la terrasse voit arriver un jour le gentil petit chanteur de la grande salle qui vient lui expliquer timidement qu'il voudrait bien composer les chansons qu'il a dans la tête, mais qu'il ne sait pas écrire la musique... Et, désireux de se séparer de son partenaire pour faire cavalier seul, il recherche dès lors un musicien à qui pianoter ses petits airs pour les mettre en croches et en noires sur papier blanc.

Entre nous, le petit jeune homme n'était ni le premier ni, surtout, le dernier à vouloir «composer» des chansons sans connaître le solfège. Mais les musiciens professionnels n'aiment pas toujours cela, eux qui ont consacré de longues années d'études pour jouer la musique des autres.

Le maestro du thé-dansant répondit donc avec condescendance qu'il était fort occupé et que, s'il acceptait cette besogne, au tarif syndical plus le papier à musique et l'encre de Chine, ça irait chercher dans les dix francs l'heure.

Prix d'avant-guerre.

– Mais je n'ai pas d'argent! protesta l'autre, je touche 40 francs par soir!

– Alors pas d'argent, pas de Suisse! rétorqua l'Italien en lançant son band dans une rumba de saison.

Le timide blondinet fit valoir qu'on devait lui faire confiance, qu'il avait sûrement du talent, que ses chansons feraient peut-être le tour du monde, et que celui qui accepterait de les transcrire aurait sa part de droits d'auteur en signant la musique à côté de lui – sur la partition et les disques.

La folie des grandeurs, quoi!

Ce qui fit bien rigoler notre chef d'orchestre à 50 francs par soir, et même tellement qu'il en pleurait encore des années plus tard (car il avait de l'humour) chaque fois qu'il racontait la scène du gentil débutant qui cherchait un pianiste pour signer avec lui ses premières petites chansons inconnues...

Et le malheureux concluait en roulant les «r» et en essuyant ses larmes de rire de l'autre main:

-Nonn dè diou dè nonn dè diou!...Ses primières sansons qu'al s'appèlaient «Jè sante! – Vous oubliez votre saval! – Flour bleue! – Boum! – Y a dè la zoie! «Nonn dè diou dè nonn dè diou! Qua j'al souis touzours al tarif synndacal et que z'aurais mon nom sur la mousique à côté dou sien, moi, Mario Sasselli!!!

Au bout du quai

Les baisers sur le quai c'est fini ma chérie:
Par un communiqué, la France, bien qu'amie,
Défend dorénavant quand tu pars en voyage
De charger ton amant de porter tes bagages!
Les quais sont «défendus» à qui reste sur place,
Et l'on verra plus ces couples qui s'enlacent
Une dernière fois en mélangeant leurs larmes,
Car désormais l'endroit – fermé par un gendarme –
Interdit les émois qui avaient tant de charme...

Je te revois Lison pleurant sur mon épaule:
Tu partais pour Grandson comme on part pour le pôle
Nord (ou Sud) pour toujours... et j'étais près de croire
Que pour mourir d'amour il faut un quai de gare!
Je te revois Suzon revenant de Venise
Jaillissant du wagon en lâchant ta valise
Pour me sauter au cou sans perdre une seconde:
Riant comme des fous, nous étions seuls au monde!
Je te revois Ninon: tu partais suivre un autre!
Et moi dans ton chignon pleurant des patenôtres...
Puis... tout seul sur le quai sentant mon cœur qui vibre
J'ai soudain constaté que j'étais enfin libre!

Jack Rollan

Ah! que de souvenirs sur tous ces quais de gare...
Partir ou revenir mais tout seul y'en a marre:
Le quai est fait pour deux qu'on parte ou qu'on arrive
Joyeux ou malheureux: unique alternative!
Or donc, quel est le crack piqué par quelle mouche
Qui dicte, tout à trac, (vous parlez d'une couche!)
Que les quais sont tabous dans les gares françoises
Et qu'assis ou debout fiancé ou bourgeoise
N'ont plus droit d'y venir escorter ou attendre
Celle qu'on veut fleurir, celui qu'on veut surprendre...
Jospin! à quoi sers-tu pour laisser à un cuistre
(Bâtard du Père Ubu) ce pouvoir de ministre
D'interdire le quai à l'amoureux qui reste?
Si je pouvais voter: tu prendrais une veste!

Une gare sans quai au retour de vacances?
Et nul pour me guetter quand je débarque en France!!!
Franco, Staline, Hitler au sommet de leur gloire
Même «La Dam'de fer» pour laisser dans l'Histoire
Un nom presque tigieux n'auraient osé l'audace
D'interdire ces lieux où l'on pleure et s'embrasse
Depuis qu'on prend des trains pour retrouver sa blonde
Ou, selon son entrain, faire le tour du monde...
Donc sus et mort au sot qui prive de tendresse
Au bout du quai – Ballot! – au nom du droit d'ânesse
Français et Parigots et – c'est trop fort – le Suisse
Qui vient de Locarno pour se bronzer les cuisses...
Terre de liberté!
Peuple des Droits de l'Homme!
Tu n'as plus droit au Quai car un chef «à la gomme»
Pour devenir quelqu'un que l'on craint à la ronde
Décide, l'importun, d'emmerder tout le monde!

Moraliquai

Être privés du quai appelle une vengeance
Que j'ai peine à dicter à 5 jours des vacances
Mais pour faire abdiquer un c... de cette engeance
Il nous faut cet été boycotter la France...

Surprise divine...

Or donc, la chose est connue, il est des sujets sacrés auxquels l'humoriste ne peut pas se frotter sans risquer des ennuis.

Au temps de ma radio, l'un des grands tabous était le parti radical.

Cela venait du directeur Bezençon, journaliste venu de la «Feuille d'avis de Lausanne» (bastion du radicalisme vaudois dans toute sa splendeur originelle, du Comptoir suisse aux Câbleries de Cossonay en passant par la BCV, l'Office du tourime et l'Hôpital cantonal) manifestement choisi par les pontes radicaux pour diriger «Radio-Lausanne», ce dont l'intéressé s'est toujours défendu – ce qui était bien la preuve de ce que tout le monde savait.

Autre sujet dangereux: Dieu – et la Bible.

Pour ma part, toute ma carrière en témoigne, si je n'ai guère manqué d'occasions de bouffer du radical, j'ai toujours mis des gants de velours pour parler du Créateur – tant dans Sa présence que dans Ses activités.

C'est ainsi qu'en orthographiant mes encolérés «nondedioux» au pluriel en un mot et sans majuscule, ce sont les dieux celtiques que j'invoque – sans sacrilège envers le Nôtre et sans scandaliser ses paroissiens.

Voyez donc ma surprise en lisant l'autre jour dans *La Liberté* de Fribourg (canton farouchement respectueux des Saintes Ecritures) que deux universitaires locaux, dépendants du département d'Etudes bibliques ont récemment publié un ouvrage scientifique sur un possible conjugo entre Yahvé et une déesse nommée Ashéra.

Rappelons, pour les lecteurs non bilingues, que Yahvé était le nom d'artiste de Dieu dans les textes antédiluviens qu'on a pu essorer après le Déluge.

Nos chercheurs fribourgeois avanceraient donc l'hypothèse que Dieu avait une amoureuse...

Et voilà bien, mes très chers frères, la grande injustice entre historiens titularisés et chroniqueur non diplômé: Si je m'étais permis d'insinuer, tu vois, que Dieu avait une concubine **avant** que ces deux savants ne le publient, le standard téléphonique et la case postale de ***Biel Bienne*** auraient explosé sous l'ouragan des protestations!

Mais dès lors que vous lisez ça dans la très respectueuse « Liberté » du très religieux canton catho d'à côté, cette himalayenne impertinence devient une thématique à intégrer dans le créneau d'entre le big-bang de la Science et le chaos de la Genèse !

Or, nondedioux ! il y a belle lurette que je m'en doutais, sans quoi Dieu n'aurait jamais eu l'idée d'estimer qu'*Il n'est pas bon que l'homme soit seul; faisons-lui une aide semblable à lui.*

Notons au passage qu'il a dit une « aide », mais en pensant in petto une aide de ménage après que la déesse Ashéra eut mis de l'ordre dans le fourbi dudit chaos et aménagé l'Eden's Garden avec le soin que l'on sait...

À la réflexion, j'aime assez l'hypothèse de mes deux confrères fribourgeois. Car Dieu tout seul, pour ainsi dire vieux garçon alors que tout lui est possible et même qu'à sa place, dis donc, moi je me serai planifié un harem tournant sur www.JR.com – oui, cette solitude m'a toujours un peu étonné, bien que le sommet de la sagesse, disent les sages, est dans la solitude et la méditation.

Oui, bon, mais permettez: quand on a créé l'Univers, le Soleil, la Lune, la Terre, la Suisse et l'Expo 02, je ne vois pas ce qu'on pourrait encore méditer ! Donc la déesse Ashéra avait sa place tout indiquée aux côtés de Yahvé; on a beau être Dieu, si l'on n'a pour se distraire que la sanguinaire connerie des barbares terriens à contempler du haut des cieux, reconnaissons qu'il y a de quoi déprimer un max.

Les chnoques de ma génération se souviendront d'un refrain de Maurice Chevalier qui disait:

Quand on est deux

Ça n'est pas la mêm'chooose...

La révélation de nos savants fribourgeois nous donne à penser que L'Éternel a probablement dû, avant Maurice, se chantonner sur le même air:

« Quand on est Dieu, pour ça c'est la mêm'chose... »

En outre, il serait tout à fait logique qu'ayant voulu faire l'homme « à son image », comme dit la Bible, Il l'ait tiré de son ménage en connaissance de cause. Ce qui nous vaut l'agrément variable de vivre entre hommes et femmes et pas uniquement entre célibataires gays.

En vérité, mes bien chers frères, prenons soin de remercier « La Liberté » qui m'a donné celle d'aborder ce sujet considérablement plus sacré que les radicaux vaudois, et félicitons ces deux émérites chercheurs qui nous permettent en plus d'espérer désormais que Dieu et sa déesse sont aussi heureux ensemble qu'Adam et Ève !

Le Calvin nouveau est arrivé

Or donc, les mœurs (pron. meurss) étant ce qu'elles sont devenues depuis la «Libération de la Femme» (occidentale, hein !) plus rien ne doit nous étonner, mes bien chers frères, au sujet de cette «évolution».

Dans ma jeunesse, les grands-mères s'étaient beaucoup indignées à l'apparition des premiers bikini dans les magazines et magasins.

– Où allons-nous ?! s'écriaient ces braves dames qui ne sont plus là pour s'apoplexier aujourd'hui à la vue des strings (plus exactement des culs, puisque le string est invisible) qui animent joyeusement les avariétés de la téloche en élevant le niveau culturel des familles.

Depuis plusieurs siècles, de nombreux historiens ont publié de superbes ouvrages illustrés sur l'évolution de l'habillement et la reconstitution des costumes à travers les âges, de l'Homme des Cavernes à Yves Saint-Laurent... Mais qui va se pencher sur l'étude inverse en produisant l'anthologie photographique du déshabillement – né, par accident, de la baguette magique de la fée Coco Chanel qui ne pouvait pas imaginer «les suites» lorsqu'elle décréta si opportunément la suppression du COR-SET – affreux accessoire de torture «bourgeoise» qui ne faisait le bonheur que des auteurs de vaudevilles du XIXe.

En constatant les progrès de cette «libération», on pouvait alors en inférer que l'àpoilisme qui en découlait ne s'étendrait que sur les plages chics et quelques îles de vacances durant la courte belle saison... Mais c'était sans compter sur les cinéastes et les publicitaires dont le génie ne peut plus s'exprimer sans la paire de cuisses, de seins ou de fesses qui tient lieu désormais de message, de symbole et de flambeau.

Voilà qui vous expliquera mieux qu'au Danemark, en ce moment, une candidate aux élections affiche ses nichons en guise de promesses électorales sur les panneaux officiels, tandis qu'un concurrent mâle, plus décidé, pose carrément tout nu, montrant clairement en portant centre-gauche qu'il en a où il faut en avoir et que la dame n'en a pas!

Cette façon de se lancer dans l'apoilitique nous donne en Suisse, toujours en retard, le regret de ne pas profiter de ce genre de campagne électorale quand on pense, dis donc, à la sexy Ruth Metzler – mais un peu moins, bien sûr, si tu songes à Daniel Brélaz.

De toute manière, «où allons-nous!» comme disait Grand-Maman, puisqu'en vertu (si l'on peut dire!) de la même évolution des mœurs, un promoteur avisé, le mal nommé Calvin (sic), ouvre présentement un bordel pour dames (donc clientes, tu vois, et non plus vendeuses!), alors que depuis que le monde est (demi) monde, ce genre d'établissement – toléré par la police mais réprouvé par la morale – n'était destiné qu'aux hommes – militaires en permission, puceaux en rupture de puberté, célibataires en manque, curés en civil, marins en bordée et maris en faute.

Mais puisqu'elles réclament l'égalité sur tous les plans, la voici – très en avance sur celle des salaires; mais qui pourrait constituer un argument supplémentaire dans la revendication puisque le bordel est payant et que voilà des frais nouveaux dont le patronat devra tenir compte avant qu'on descende dans la rue pour scander en cortèges des walkyries: «Du-bordel-pour-toutes!»…

Pour les lectrices que ça pourrait intéresser, je précise que cette institution culturelle se situe à Leibstadt (CH 4353) joli nom qui peut se traduire fort opportunément par «Ville du Corps» – sous-entendu du corps-à-corps, en anglais pour les touristes «body-body».

Et, qu'en plus, le tôlier porte le même patronyme que notre Calvin – qui condamnait le décolleté des Genevoises en 1543! – voilà qui pourrait donner à penser que les exagérations du réformateur vont être exagérément réformées par les déculottées de son homonyme.

Reste à savoir (le nom étant rarissimement porté) si le bordelier de Leibstadt (Vous changez à Soleure) ne serait pas, par bonheur, un descendant du Taliban genevois – barbu du reste comme Ben Laden qui s'est d'ailleurs peut-être (qui sait?) lui-même inspiré des interdits de notre Genevois pour inventer la burqa, ce gracieux sac grillagé qui résout tous les problèmes du décolleté, dis donc!

Là, j'avoue que mon esprit mal tourné, comme on dit, se réjouirait singulièrement d'une telle filiation naturelle... Pensez donc : un descendant de Calvin ouvrant – 15 générations plus tard – un bordel pour dames dans une bourgade d'Argovie (Vous changez à Soleure), yesses Gott ! Heilige Big-Bang ! You-Hou-Houiiiille !

Inutile de dire que je n'ai rien hérité des offuscations de nos pudiques grands-mères – et que tout le monde connaît la vaste tolérance de mon esprit libertin.

Mais en vérité mes bien chers frères, je vous le demande : Où allons-nous ??? !!...

C'est canon !

Or donc, de plus en plus de sportifs du dimanche consacrent leur week-end d'hiver au ski.

Le sport du ski consiste à s'asseoir sur une banquette tractée mécaniquement qui transporte le skieur au sommet d'une piste pentue.

Le second mouvement de l'exercice est de laisser glisser les skis le long de la pente en s'y maintenant dans la posture du fœtus en fin de parcours maternel, tout en prenant garde, autant que possible, de ne pas entrer en collision avec les maladroits qui se sont mélangé les bâtons avec les jambes, ou les skis avec les bâtons, voire skis jambes et bâtons en étoile à huit branches – les bras compris.

Les « skis », ainsi nommés parce qu'ils servent à skier, sont faits de deux étroites et allongées planches qu'on se fixe sous les chaussures et qui sont destinées à glisser synchrone avec le skieur afin de le ramener à la station mécanique où il traverse à grands coups de coude la foule des skieurs qui attendent poliment leur tour pour se rasseoir avant les autres sur une banquette qui va le remonter au haut de la piste qu'il vient de dévaler.

Ce va-et-vient (gratuit dans l'intellect mais pas dans le forfait hôtelier) dure autant d'heures que les fesses du sportif supportent l'empreinte du treillis qui sert de sièges à la banquette métallique et assure la prospérité de nombreuses stations, tout en procurant des emplois d'appoint aux autochtones désœuvrés

31

l'hiver et qui peuvent ainsi survivre en assurant le fonctionnement des remonte-pentes et la navette des ambulances évacuant les malchanceux dont l'une des branches de l'étoile des neiges dite plus haut s'est mise en équerre, en V ou en tire-bouchon.

Mais pour que s'active bénéfiquement tout ce petit monde, il faut bien entendu que **la neige** soit au programme!

Or depuis que la planète se réchauffe à cause de tous les moteurs nécessaires au confort de notre société de consommateurs, la neige tombe de moins en moins bas... Et tous les Suisses n'ont pas les moyens (à part les directeurs enfin transparencés) d'aller snowboarder dans l'Himalaya.

D'où la panique des hôteliers, restaurateurs, commerçants et ambulanciers de nos stations d'hiver devant la baisse du chiffre d'affaires qui descend au prorata de la neige qui ne descend plus, tu vois?

C'est pourquoi, plus important que de savoir si les Suisses veulent entrer à l'ONU ou si les Valaisans obtiendront le monopole de la raclette, c'est pourquoi l'impatience devient quasi nationale, dis donc, au sujet des canons-zà-neige – réclamés par tous les skieurs et tous ceux qui nous font skier –, ces engins étant soumis à autorisation officielle (condition skine qua non à neige).

Le canon à neige est une machine qui pulvérise et projette de l'eau à basse température afin d'en obtenir des flocons artificiels (clonés, dis donc!) qui retombent comme des vrais en recouvrant les pentes idoines d'un réel tapis neigeux dont certains t'assurent que ça vaut toutes les pistes olympiques...

Mais il va sans dire que les canons à neige, étant actionnés par des moteurs, ne feront qu'augmenter le réchauffement de notre atmosphère – et que, par conséquent, plus ça chauffera plus haut... moins la neige descendra plus bas: C.Q.F.D.

En outre, certaines stations ne disposant pas de réserves aquatiques suffisantes, faudra-t-il aller chercher de la neige en altitude pour la faire fondre en eau afin d'alimenter les canons??? Je vois mal les autorités de Gstaad, en plein festival de jet-set, se mettre à «peller» sa snobsnow pour que la Chaîne (à neige) du Bonheur puisse sauver la saison de Villars...

Quoi qu'il en soit, au train où vont les choses, un jour ou l'autre ne restera plus que l'Himalaya pour aller goûter à l'ivresse blanche. Certes, ce n'est pas pour l'année prochaine, mais la connerie humaine va si vite, dis donc, depuis la démocratisation des loisirs parallèle à l'expansion du chômage associé à la mode des fusions s'inspirant de la vague des OPA, que je me réjouis (presque!) de quitter ce monde avant qu'il n'en soit à s'inventer des canons à glace pour renouveler les sublimes glaciers qui diminuent de 20 cm par jour, – annonce d'une inexorable sécheresse mondiale dont messieurs Bush et Couchepin se foutent tout mêmement – occupés qu'ils sont à consolider leur carrière personnelle.

D'ailleurs, fera-t-il encore assez froid là-haut, en ces temps-là, pour geler la flotte qu'ils iront puiser dans la mer à longues norias de camions-citernes polluant au diesel ce qui restera d'ozone?...

Bien sûr, j'ai un peu l'air de jouer au nouvel Orwell annonçant 2084... Mais tous les chnoques de ma volée ont eu un père qui se serait bien marré si on lui avait dit qu'on irait sur la Lune avant l'an 2000 et qu'on n'aurait plus de pétrole dans 150 ans.

Donc, en vérité mes bien chers frères, lorsque vos petits-neveux vous demanderont quand c'était, dis Tonton, qu'y avait encore de la neige aux Diablerets?... vous pourrez leur répondre, à coup à peu près sûr: – Ben... heu... ça doit être l'année tu vois où l'on avait fini de rembourser les déficits de Nelly Wenger...

Fidel pour l'Infidèle

Or donc, vous ne l'avez peut-être pas lu dans votre quotidien (mais je suis là pour ça), Fidel Castro est de mon avis: Bill Clinton est victime d'une machination politique, et le Lider Maximo s'en indigne comme tous les gens de bonne foi.

Mais le Fidel cubain volant au secours de l'infidèle ricain donne à (l'arrière) penser que le premier en ajoute «la moindre» en vue d'accélérer la levée de l'embargo dont souffre son île, son peuple et son régime depuis qu'il a renversé Batista – le dictateur-maquereau gérantissime des 300 bordels réservés au repos des guerriers yankees débarquant des porte-avions pour une semaine de «spermission» (comme disait le prince-en-dires Charles-Henri Favrod – à lire dans *24 heures*).

Resterait encore à savoir, dis donc, si cet embargo n'aurait pas des trous par où passeraient de nuit les cigares de la Maison-Blanche – dont on ne connaît toujours pas la marque...

À ce propos, il est un aspect de ce drame auquel aucun commentateur n'a songé... C'est que l'infortuné Clinton, plus jamais, non jamais plus, et pour toujours, n'osera allumer un cigare en public sans que tout le restaurant ne se mette à rigoler, ni à la maison sans qu'Hillary n'éclate en sanglots, ni au bureau devant son team du briefing dont tous les participants se mettraient à regarder le plafond en se mordant les lèvres ou à fixer la moquette en se pinçant la cuisse, ni à l'entracte de «Carmen» – et ni même, déjà, d'aller voir Carmen, dis donc, dont on sait qu'elle confectionne des cigares entre ses couplets!

Dès lors, autant dire que le malheureux devra s'enfermer aux waters chaque fois qu'il aura envie d'en allumer un, - d'où de nouveaux ennuis en perspectives avec les candidats qui vont tambouriner à la porte des WC bien avant que le président ne soit parvenu au tiers de son havane.

On me dira qu'à la Maison-Blanche, Bill Clinton dispose de waters particuliers où il pourra tout à loisir se réfugier pour fumer en cachette. Ouais... mais le cigare, contrairement à la cigarette, prend du temps si l'on veut aller jusqu'au bout et, si on l'interrompt, c'est dégueulasse quand on le rallume. Donc le nouveau danger, s'il s'en offre modestement trois par jour, à raison de 20 bonnes minute pour chacun d'eux, c'est que tous les pistaux et toutes les stagiaires de la boîte iront raconter que le président des États-Unis passe toutes ses journées aux guoguenots, – diffamation qui fera un excellent argument pour ses adversaires à la prochaine campagne de l'élection présidentielle!

Tout cela, bien sûr, ne serait pas arrivé si Clinton n'avait pas introduit un cigare dans ce qu'il appelle ses comportements zinappropriés. Mais on peut comprendre, d'autre part, que son nouveau supporter Fidel Castro défende néanmoins cette pratique insolite: le cigare étant devenue la principale ressource nationale depuis que les Russes n'ont plus les moyens de lui acheter son sucre, il ne va pas chipoter sur la façon d'utiliser ses havanes... Libre à chacun, ditchè donco («dis donc», en cubain), de le fumer classico ou de s'en divertir au gré de son imagination; après tout, le tabac fait partie des loisirs et Castro, dictateur marxiste, fait montre là d'une belle ouverture d'esprit sur un néolibéralisme qui ne pourra que clouer le bec aux républicains qui réclament la tête de l'espiègle fumeur président!

Le proverbe rappelle sagement qu'à toute chose malheur est bon. Si le cigare de Monica pouvait servir à entrouvrir une fenêtre dans le mur qui sépare depuis si longtemps l'Amérique de Cuba, en vérité mes bien chers frères, je vous dis que l'inappropriété de ce tabagisme occasionnel aurait fait faire un grand pas vers la réconciliation et la tolérance entre les peuples !

Reste évidemment à trouver d'autres cigares pour le Kosovo, le Rwanda, la Tchétchénie, la Palestine et Blocher...

Et pour enfumer ce dernier, nous venons de perdre très malheureusement le cher Delamuraz qui s'amusait de mes *Bonjour* et à qui je dédie bien amicalement ce dernier qu'il lira là-haut – dès qu'il aura serré les mains de tous les élus qui l'attendaient...

Pas forcément radicaux, dis donc !

Le conophone

Or donc, la téléphonologie (c'est sûrement ainsi qu'il faut dire pour être compris des conardologues du new français branché) fait chaque jour un bond dans la technologistique opérationnelle de pointe. Lorsque le génial Graham Bell inventa son fameux bigophone au siècle dernier (Et dire que dans TROIS semaines, dis donc, c'est nous qui seront du siècle dernier, mairdalord !), il devait se dire, notre Graham, qu'on ne ferait jamais mieux pour communiquer avec sa femme entre le salon du 1er étage et son boudoir du rez-de-chaussée...

Comment imaginer, en effet, pour un homme intelligent, que, 120 ans plus tard, des millions de ballots, qui n'ont rien à se dire que « Ouais, pas mal, et pis toi, comment ça va ? », déambuleraient dans les rues en se tenant l'oreille comme si une épidémie d'otite s'était abattue sur la ville ?...

Dit « Mobile » ou « Portable », le conophone s'améliore tous les jours d'un gadget nouveau ou d'un bidule branché. J'apprends ainsi que le dernier-né, made in Japan, est équipé d'un petit écran, format pochette d'allumettes et d'une micro-caméra incorporée qui permet de voir en direct la tronche du conophoneur qui vous appelle tout en lui montrant la binette du conophoneur qui lui répond « Ouais moi ça va pis toi comment ça va ? »

Manque plus que l'odeur (ça viendra!) pour savoir ce que l'autre a mangé – ce qui pourrait inspirer un intéressant départ de conversation: – Ah! toi, t'as bouffé de l'ail, dis donc! T'as changé de resto?… – Non, j'ai changé de femme…

Vous pressentez chers lecteurs, je l'espère pour vous, tout l'intérêt socioculturel de ces futurs échanges olfactivaudiovisuels! Et pas besoin d'être obsédé sexuel pour imaginer le «plus» érotique qu'apportera la future technologistication de ce futur modèle aux habitués du 156 (frs 2,13 la minute) quand ils pourront non seulement entendre les fausses pâmoisons mais voir les yeux chavirés de la conophoniste en **respirant** en plus le vrai parfum de son aisselle imprégnée de 3 MMM de Migros – à défaut du 5 de Chanel qui mettrait la minute à des 4 francs 75…

Pour l'heure, nos Japonais disposent déjà d'une agence dite matrimoniale qui permet de trouver en quelques minutes l'âme sœur – portable et mobile. Tu te branches sur l'agence et tu détailles tes goûts/besoins/fantasmes/idéaux/rêves/hobbies/manies – selon que tu aimes les boulottes romantiques aux yeux pervenche ou que tu préfères les maigres masochiques aux jeux pervers, tu vois?

– Un instant, s'il vous plaît, – te dit la 1re répondeuse – ne quittez pas!… Là-dessus, tu as droit à 66 mesures de l'ouverture de «L'enlèvement au Sérail» enregistré par The Tokyo Imperial Orchestra dirigé par Yapapa Kyh San Fou avant qu'une deuxième entremetteuse te prie de recommencer à zéro – tout à fait comme chez nous quand vous voulez parler à Cortesi pour lui demander s'il va se foutre encore longtemps de ses lecteurs en laissant ce Jack Rollan délirer sur les natels japonais alors qu'il n'a jamais rien dit sur le chauffage de la salle d'attente de la gare des Brenets qu'on attend depuis deux ans dis donc allô j'écoute… ça c'est la troisième, à qui tu répètes que tu cherches une intellectuelle sachant cuisiner et ne ronflant pas la nuit…

Ung ninstang! qu'on vous redit en démarrant le finale de la Pastorale de Ludwig van Beethallô? vous la voulez plate ou ronde? que vous demande enfin la trieuse responsable. Vous précisez l'épaisseur et défilent alors sur le mini-écran une douzaine de sourires – engageants, bien sûr, puisqu'il s'agit des candidates inscrites à l'agence dans l'attente d'un Jules sans lunettes d'au moins 173 cm sans talonnettes pour le meilleur et très peu de pire.

Y a donc plus qu'à choisir en enfilant votre carte bancaire dans la fente latérale du Truq Mach Hing (c'est la marque), car il va sans dire qu'à Tokyo, dig dong, comme chez nous, il faut payer avant de consommer dans ce genre de commerce.

Et sans être remboursé, bien entendu, si, par malheur, de l'autre côté, l'élue de votre mobile, au vu de votre bouille sur son écran et au su de vos goûts livrés par son portable, vous fait savoir dans un dernier sourire que vous n'avez pas fait la touche top, en pressant sur la sienne « stop » qui vous coupe la chik et la Komm Unig Haysong...

Le seul intérêt de ce système coûteux est qu'il vous indique en 8 minutes si vous plaisez ou non à celle qui vous plaît... Et en vérité, mes bien chers frères, c'est là un gros avantage sur nos coutumes ancestrales dont nous savons qu'elles nous imposent des délais de 15 à 20 ans avant de découvrir qu'elle s'était trompée et qu'elle vous trompe pour tromper son regret de s'être trompée...

Petite revue de fin d'année

Or donc, mais que cela ne vous coupe pas l'appétit, le dernier livre de Ziegler nous RAPPELLE (car nous le savions!) que – comme chaque année, mais un peu plus – 30 000 000 d'humains, comme vous et moi, tu vois, sont morts de faim en 98.

Bonnes fêtes 99 à tous!

Sauf pour David McLean, le viril cow-boy publicitaire des cigarettes Marlboro qui en est mort, dis donc, et dont la veuve fume de rage contre la Philip Morris qui a tué son mari pour nourrir sa famille.

Procès à suivre – mais qui n'aurait pas eu lieu si le cow-boy avait plutôt choisi de louer sa belle tronche à une marque de chewing-gum. Car le mastiquage de cette pâte immangeable permet, on le dit, de renoncer à la cigarette.

Reste quand même qu'on a l'air moins demeuré en fumant comme une locomotive qu'en mâchouillant comme une vache.

Ce qui n'a pas empêché la charmante Anne Brudermann (drôle de nom pour une frangine!), instite à Port (CH 2562), d'assurer à *Biel Bienne*, ce printemps, que l'usage du chewing-gum à l'école diminue le stress des élèves, augmente leurs

facultés mentales (sic) et permet le développement des capa-
cités intellectuelles (chique).

Voilà dis donc une recette d'intelligence que les banquiers
genevois de la «United European Bank» auraient dû découvrir
avant de louer huit grands coffres à un «financier» italien,
spécialisé dans le commerce de l'or, pour y abriter ses **trois
tonnes** de lingots...

Sur lesquels ladite Younitède accorda bientôt audit financier
divers crédits allant jusqu'à plus de **huit millions** de francs.

Qu'est-ce qu'on risque, hein, quand on est du métier, avec
trois tonnes d'or au sous-sol?...

Moi, quand j'apprends ce genre d'affaires, ça me rappelle
subito derechef un emprunt de 2000 francs que j'avais demandé
à la BCV en 49 et pour lequel le Directeur des Prêts (les majus-
cules étaient de lui) avait exigé une caution...

– Mais, avais-je protesté, je suis à Radio-Lausanne depuis 7
ans et je produis au moins huit émissions par mois!

– Oui rétorqua l'autre en souriant paternalistement, oui...
mais nous avons appris que vous n'êtes pas salarié, ni nommé,
mais «au cachet»...

– Et alors? Pensez-vous que je risque de me faire virer
avec «le Bonjour» et «Jane et Jack» et «La Chaîne du Bonheur»?...

– Non! Non! Certainement pas! mais... (et là, avec un vrai
sourire de banquier)... mais vous pourriez vous faire renverser
par le tram en sortant d'ici... (sic)

– Alors, dis-je en souriant à mon tour, mettez-vous à la fenêtre, regardez-moi partir et, en cas d'accident, précipitez-vous
pour reprendre vos 2000 francs dans ma poche!

Le banquier alors a ri franchement de bon cœur – et a main-
tenu le cautionnement exigé.

Je vous raconte ça, mes amis, parce qu'à la Younitéde en
question, lorsqu'on a ouvert les coffres de l'Italien qui ne rem-
boursait pas les 8 millions qu'on vous a dit plus haut, eh! bien
les coffres étaient d'autant plus vides que personne n'avait eu
l'idée de compter les lingots que l'autre n'y avait pas mis...

Sans caution!

Mais si cette histoire ne vous fait pas rigoler, allez donc prendre le tram à Zurich où, sur la ligne 15, la compagnie diffuse à
intervalles réguliers une cassette de rires enregistrés – comme
à la téloche dans les séries si cons qu'on paye des cons plus cons
que les cons qui regardent pour se marrer à leur place.

On n'arrêt (facultatif) pas le progrès.

Ce même progrès grâce auquel, Messieurs, si vous disposez d'un téléphone mobile, vous pourrez surveiller à distance la fidélité de votre épouse… C'est « Match » qui donnait la recette que j'ai trouvée dans « Le Canard enchaîné » :

1 – Coupez la sonnerie du mobile. 2 – Enclenchez le décrochage automatique. 3 – Glissez le mobile sous le lit conjugal. 4 – De votre bureau (à l'heure où elle est assurée que vous y êtes), composez le numéro du mobile – qui « décroche » sans bruit… et vous saurez si « la donna e mobile ».

C'est-à-dire que, si vous l'entendez se pâmer en haletant un prénom qui est très différent du vôtre, vous serez alors tout à fait en droit de lui demander quel mobile l'a poussée – en ramassant le vôtre.

De toute façon, ça sera moins grave que l'astéroïde qui risque de vous tomber sur la planète le 26 octobre 2028 (agendez-moi ça!). Je dis bien « vous » en raison du délai de cette éventuelle catastrophe que nous m'excuserez de ne pouvoir partager… Et, comme l'engin apocalyptique mesure 2 km de diamètre, je vous conseille de consulter les journaux du 25 pour savoir où vous planquer puisque les scientifiques ricains qui ont prévisionné la chute (éventuelle ?) au jour précis de l'année 28 sont et resteront incapables de nous préciser le lieu de la rencontre…

D'ailleurs, si vous en réchappez, vous aurez hélas d'autres inquiétudes avec l'élimination, de moins en moins prévisible, du gaz carbonique (CO_2) qui réchauffe mortellement l'atmosphère.

La solution est d'autant plus aléatoire que le sinistre et familier CO_2 sort de partout : des cheminées d'usines et du cratère des volcans, des bulles du champagne et des barbecues du dimanche, de la transpiration des footballeurs et de l'hystérie des supporters, des milliers d'avions qui décollent, des millions de voitures qui démarrent, des milliards de cigarettes qu'on allume, des feux de forêts corses et des incendies de forêts naturels, et même – ne l'oublions pas ! – de la simple et indispensable respiration des hommes…

Et aussi, bien entendu, celle des femmes qu'il ne faut pas oublier de mentionner si l'on veut s'épargner les glapissements féministologistiques des cheftaines militant pour l'égalité tous azimuts, dis donc, même pour l'effet de serre !

Et puis, j'en ai parlé ici naguère, des chercheurs tout à fait sérieux avaient découvert – pardon Mesdames! – que les vents évacués par les vaches qui pâturent, tant sur les Alpes suisses que sur les prairies de France, dans les steppes d'Ukraine ou sur les pentes du Tibet, oui les vaches pètent, tout comme les hommes (mais là, les «cheffes» ne revendiquent rien) mais cent fois plus par jour (les vaches donc!), ce qui ne s'entend guère chez nous les citadins mais qui monte tout droit vers la couche d'ozone de plus en plus endommagée par tous les pets de la civilisation et de la petnologie – pets du Paris-Dakar, pets d'Arianes I-II-III-IV etc., pet d'Hiroshima (et quel!), pets de Verdun (oubliés), de Waterloo (mornes pets), et tous ces traités de paix dans l'eau, torchons de papier hygiénique flottant dans les égouts de l'Histoire...

Lecteurs qui me survivrez, j'espère pour vous que les savants auront trouvé le remède avant l'an XXVIII – que je ne connaîtrai pas... Mais, déjà, début d'une bonne nouvelle, dis donc! on serait en train de trouver le moyen d'envoyer les excédents de CO_2 à plus de 3000 mètres au fond de l'océan – qui se chargerait de les éliminer... ???

Alors, croyons-y, mes bien chers frères, pour que vous puissiez dire dans 28 ans à vos petits-neveux, et en souvenir de moi:

Paix sur terre – et pets sous mer.

Joyeux Noël!

Gare au cigare!

Or donc, après la lecture du rapport sur les rapports de Bill Clinton et de la Monica (dont le procurécureur Starr dit qu'ils sont sexuels alors que Clinton admet qu'ils étaient «inappropriés»), les fumeurs du monde entier se demandent depuis samedi quel était le genre de cigare...

Certainement pas un Villiger – mais quoi? un Corona? un Londrès? un Partagas?

Hélàs! le cher Davidoff n'est plus là pour nous renseigner, lui qui fournissait tous les Grands de ce monde, dis donc, – y compris Washington – sans se douter qu'un de ses havanes entrerait dans l'Histoire en entrant où nous savons.

Mais quelle que soit la marque du cigare, les Américaines se déclarent unanimement choquées par cette révélation.

Surtout celles qui ne supportent pas la fumée !

Et je m'étonne, d'ailleurs, que les ligues « no smoking », qui obtiennent des interdictions jusque dans les aéroports, n'aient pas saisi l'occasion (« l'opportunité » des journaleux) de condamner le tabagisme dans les bureaux – même l'ovale – de la Maison-Blanche.

Quant à Tchekhov, il n'aurait assurément pas osé citer celui-là en écrivant ses fameux « Méfaits du Tabac » !

Car, en effet, le méfait pourrait bien devenir si les Américains démocrates et libidineux, inspirés par cet exemple venu de haut, prenaient maintenant l'habitude d'introduire des cigares dans leurs ébats amoureux... Le jeu de l'amour et du cigare – pardon, Marivaux !... Qui pourrait dire alors les conséquences pathologiques que découvrirait le médecin de Madame ?

– Ah ! ah ! ah ! attention, chère madame : il faut cesser de fumer !

– Mais c'est pas moi, docteur !...C'est mon mari...

– Ah ?...Alors vous faites une burovalopathie.

– Une quoi ???

– Ça vient de bureau ovale, en latin.

– Et ça se traite comment docteur ?

– Sur internet. C'est pas grave.

On rigole, mais ayons au moins une pensée, dis donc, pour la chère Hillary qui doit faire face aux questions des journalistes...

– Mais c'est tout simple, les gars ! Bill a dû arrêter de fumer pour son jogging matinal. Et comme c'est difficile, il a laissé la boîte de cigares sur son bureau pour renforcer sa volonté, et il en prend un tous les matins qu'il va fourrer dans la poubelle !

La poubelle-girl...

Certes, ouais, bien sûr, évidemment, l'affaire n'est pas d'une finesse extrême, et ça m'ennuierait davantage si c'était arrivé à Flavio Cotti. Mais Casanova en a fait bien d'autres et toutes les femmes en rêvent encore... Quant au Marquis de Sade, cent fois censuré, interdit, brûlé, il maintient des tirages plus qu'honnêtes – si l'on peut ainsi dire à propos de telles cochonneries.

Et pour moi, mes bien chers frères (qui me garderai bien de juger, vu que je n'ai jamais fumé le cigare !), en vérité je vous le dis comme le pense : le geste de Bill Clinton est infiniment moins obscène que Johnny Hallyday piétinant sa guitare sous les acclamations de quatre-vingt mille connards.

Ah ! Mourir dans tes bras !

Or donc, la chose est connue, la majorité des hommes rêve de mourir dans les bras d'une femme (à part les bisexuels qui ont de la peine à choisir).

Ce retour à la source n'est pas l'apanage des âmes pures uniquement soucieuses de rendre ainsi un ultime hommage à celle qui leur a donné la vie en la lui restituant par la même voie. Non – ce vœu est avant tout dicté par le désir bien compréhensible de transmuter un sale quart d'heure en 15 minutes de délices.

C'est vrai, dis donc, puisqu'il faut y passer, autant que ça se fasse contre une dame aux gentils contours plutôt que contre un platane au méchant virage – en rut plutôt qu'en route, en Roméo plutôt qu'en Alfa.

Cette grâce est cependant fort rare et la chronique n'a retenu jusqu'ici que deux noms de bien-heureux trépassés de la sorte : le président Félix Faure (à l'Elysée) et le cardinal Danièlou (chez Lulu), de quoi on pourrait déduire hâtivement qu'il faut « avoir ses entrées », comme on dit, pour avoir droit à cette sortie...

Mais il va sans dire que la chronique n'enregistre que les noms célèbres, impossibles à dissimuler, et que les simples Durand ayant eu anonymement la même chance ont été soigneusement protégés dans le faire-part de la famille éplorée qui s'est contentée d'annoncer « subitement enlevé à leur tendre affection » – sans préciser : *dans l'ultime exercice de son devoir conjugal...*

En admettant, d'ailleurs, que cela se soit passé à domicile et non pas à Pigalle comme pour le cardinal, publicité que Feldschlösschen aurait bien voulu s'offrir, dis donc !

Tout ça, cependant, est du passé et n'était dû en outre qu'à la merci du hasard. Or la situation a soudainement évolué puisque nous savons aujourd'hui qu'il est possible de s'autoprogrammer un coït mortel grâce au fameux Viagra qui procure non seulement une rigidité locale momentanée mais également une raideur cadavérique totale et définitive.

En effet, les agence de presse annoncent que 69 Américains déjà sont morts entre mars et juillet dans les bras d'une partenaire après avoir absorbé le comprimé bleu censé maintenir l'inspiration chez le mâle indécis. Mais l'expérience montre que l'**expiration** est pareillement possible chez les amoureux au cœur fragile.

Par conscience professionnelle, j'ai tenu, avant de vous en parler, à prendre l'avis de mon pharmacien. L'homme de l'arspirine m'a répondu fort pertinemment qu'il y a aussi chaque jour des types qui meurent d'une choucroute ou d'une chute d'avion…

Je n'ai bien évidemment rien trouvé à lui rétorquer – et je me suis tout de même rassuré, pour mes voyages futurs, en me rappelant qu'on ne sert jamais de choucroute dans les avions !

– D'ailleurs (ajouta mon potard), vous oubliez que la même information révélait que près de 4 millions d'ordonnances ont été délivrées durant la même période… Alors, hein ? 69 morts sur 4 millions de consommateurs, ça fait nettement moins de victimes qu'au Mont-Blanc, dis donc !!!

En résumé, cette nouvelle forme de suicide me paraît beaucoup plus agréable que le revolver ou s'aller foutre à l'eau. Primo, ça n'est pas garanti (69 sur 4 millions !) et l'on peut ainsi reprendre goût à la vie, ce qui est souvent le cas lorsqu'on se rate. Puis, en cas de réussite, vous partirez avec un bon souvenir…

D'ailleurs, ne dit-on pas de l'extase amoureuse que c'est « la petite mort » ?…Preuve en est que la dame en délire s'écrie souvent : « Ah ! chériiiii… je meurs !!! »…

Dorénavant, mes bien chers frères, vous pourrez cas échéant lui répondre : – Tais-toi : c'est moi qui claque !

Les infirmières

Or donc, en raison d'un bobo sans intérêt historique, j'ai récemment sauté un BJ pour un bref séjour en milieu hospitalier tout peuplé de ces créatures de rêve que sont pour moi les infirmières… J'ai pour les infirmières un penchant qui aurait pu changer ma vie, car au sortir de chaque narcose, à la

première qui se penchait sur moi je proposais systématique-
ment le mariage. Si chacune avait dit oui, dis donc, j'aurais pu
monter une petite clinique en moins de vingt ans. Et même
à sang-froid, chaque fois que j'en croise une (de préférence
gracieuse ouais quand même quoi!), j'ai envie de l'aborder
pour lui dire merci...

Merci d'être cet ange blanc qui m'accueille au bout du
chloroforme. Cette sœur qui vous donne à boire quand on
n'a plus la force de tenir le verre. Cette amie qui vous sourit
en ouvrant la porte comme si elle était heureuse de vous
revoir. Cette jeune mère qui pose la fraîcheur de sa main
sur le front fiévreux de son enfant. Cette sainte qui vous
écoute jurer comme un charretier lorsque ça fait trop mal
nondedioux de nondedioux! Cette épouse qui vous remonte
les aznavoureillers. Cette fée qui vous apporte le calme dans
une seringue, le sommeil dans une capsule. Cette fille qui rit
à votre première plaisanterie. Cette compagne qui guide vos
premiers pas empantouflés. Cette déesse qui vient quand on
la sonne...

Mais zalors à part quoi dis donc cré nom d'un chien, j'aimerais qu'on m'explique une bonne fois pourquoi ces furies se
précipitent sur vous sans frapper pour vous enfiler les thermo-
mètres à des 6 heures du matin!!!

Aujourd'hui c'est dans le trou de l'oreille, bon! mais je
suis d'une génération où l'intromission manquait autant de
discrétion que de lubrifiant. Certes, j'aurais pu leur poser
la question en direct, mais si je me mets à discutailler à 6
heures du mat, tu peux plus me rendormir – surtout que dans
l'ancienne version que j'ai dite, elles revenaient le retirer tout
aussi familièrement.

Ajoutons qu'elles sont si nombreuses qu'il aurait fallu
poser la question tous les matins. Avec le jeu des congés, des
«tournantes», des veilleuses et des remplaçantes, j'ai eu droit
à une douzaine de déesses. De tous les horizons car on vient de
loin pour avoir un diplôme suisse, et les Suissesses ne restent
que le temps de se faire épouser par un beau chirurgien. On
est donc dans un carrousel d'Italiennes, de Serbes, de Belges,
de Mauriciennes, de Portugaises et de Fribourgeoises. Par
moments, dis donc, la blouse blanche en plus, tu te croirais au
«Crazy Horse».

Impossible dans ces conditions de retenir un nom. Je
demande du tilleul à une Conchita et c'est une Evelyn qui

revient avec la pénicilline. Par chance, une Malaise aux yeux bridés se nomme Melle Ho… ça se prononce comme ça s'écrit, ce qui, au moment douloureux où elle vient changer mes pansements m'oblige à pousser des « ouille ! » plutôt que des « ho ! » qui pourraient la vexer sans mademoiselle devant.

Ainsi, Mademoiselle Ho, puisque vous êtes la seule dont j'ai pu retenir le nom charmant, je vous charge de dire à toute la troupe ma reconnaissance et mon souvenir ému.

Mais dites aussi à tous ces anges, à toutes ces fées, à toutes ces merveilleuses frangines de passage, oui dites-leur, pour le second jour, vous savez, le lendemain de l'opération, dites-leur de ma part et de la part de tous les hommes du monde, dites-leur de ne pas venir, toutes des douze du carrousel, l'une après l'autre, toutes les dix minutes, entrouvrir la porte en souriant pour demander au pauvre type humilié s'il a pu faire pipi…

Je sais bien qu'il est de la plus haute importance de faire pipi le lendemain de l'opération, mais c'est une chose encore plus importante qu'il faut apprendre à toutes les infirmières de la planète que la meilleure façon d'empêcher un homme de faire pipi est bien de lui envoyer une jeune femme, chaque fois qu'il s'apprête à faire pipi, pour lui demander s'il a pu faire pipi !…

Et rassurez tout le monde : depuis, j'ai pu !

Les tueurs de femmes

Or donc, si je m'efforce de trouver dans la presse des sujets qui prêtent à sourire, cela ne veut pas dire que je ferme les yeux sur les horreurs déversées par l'Information.

Ainsi, dans le dernier *Fémina* où la courageuse Marie-Pierre Dupont a souvent les courages de revenir sur les thèmes « qui dérangent » et que la bonne presse (?) n'aborde qu'une fois l'an d'un stylo feutré à la suite d'un incontournable communiqué **mondial** de l'ONU ou des Droits de l'Homme.

J'avais déjà lu naguère, de la même plume, qu'un homme sur cinq battait sa femme ou sa compagne. Et ce 20 % de cogneurs-conards m'avait paru suspect : j'habite un genre de faux square qui compte 180 logements sur 4 rues abritant grosso modo près de 400 occupants dans une disposition qui permet de distinguer vocalement les ménages suisses des couples latins lorsque les fenêtres sont ouvertes...

C'est dire qu'une scène de ménage portugaise (côté cour) ou une soirée fondue valaisanne (côté rue) ne passe pas inentendue.

Mais ni de jour ni de nuit, aucun cri de femme maltraitée ou menacée de l'être n'a troublé le quartier. Mis à part, selon l'heure, les jouinuisances sonores de telle ou telle amoureuse qui a mal coincé son espagnolette.

N'empêche que ce 20 % me revient souvent à l'esprit les soirs de théâtres lorsque, du balcon où j'arrive avant le lever du rideau, je tente de repérer, parmi les mille spectateurs installés, les 200 salauds qui dérouillent leur femme à la maison...

Oui car les enquêtes ratissent large et il serait trop simple de croire que «ça» se passe uniquement chez les manœuvres analphabètes chômeurs alcooliques et schizophrènes.

Au contraire, dis donc, tout comme chez les pédérastes (et non pas «philes») de l'internet, tu trouves des batteurs de femmes chez les politiciens, les épiciers, les banquiers, les professeurs de clarinette, les coiffeurs pour dames, les colonels divisionnaires, les monteurs électriciens, les coureurs cyclistes, les notaires assermentés, les journalistes sportifs, les présidents de tribunal, les chanteurs de rock et les policiers.

Un voyou ménager sur 5 électeurs qui bat sa femme à la maison – et même devant les enfants lorsqu'ils en ont! –... ce pourcentage est effarant. Car un sur cinq, dis donc, cela signifie que nous en connaissons tous un ou deux – voire davantage si tu fais partie d'un chœur d'hommes – sans le savoir, sans même soupçonner... surtout s'il est sympa et que sa femme ne sort pas les soirs où elle a des bleus...

Ouais! Mais il y a pire, et Marie-Pierre nous apprenait dimanche que, sur notre continent, le record des décès féminins n'est dû ni au cancer, ni au sida, ni à l'automobile, ni à la misère...

Alors bravo les mecs! Vous êtes vraiment les plus fortiches puisque les violences, les coups et les tabassées – coutumières ou improvisées – sont au hit-parade des morts des épouses, concubines ou maîtresses, entre 25 et 44 ans – la fleur de l'âge!

Et compliments sincères pour le respect aux jeunes filles et aux aînées à qui votre excellente éducation épargne statistiquement les baffes, les uppercuts, les coups de pieds dans le ventre – qui me rappellent, tiens! un vague pianiste architecte genevois auquel j'avais jadis tenté d'arracher sa compagne tabassée, en vain d'ailleurs, car elle aimait ça – et la statistique a le tort d'ignorer toutes celles qui, à l'instar de la Martine de Molière, proclament (ou choisissent): *Il me plaît à moi d'être battue!...*

Car cela est vrai aussi, chère Marie-Pierre, et pourrait faire l'objet d'une enquête/témoignage dans votre trop sage magazine...

Mais voici plus grave encore, dis donc!

Un monsieur des plus respectables et pectés, citoyen genevois, professeur au Cycle d'orientation et, en plus, directeur du Centre islamique de Genève, vient de publier dans «Le Monde» (je condense): *la lapidation constitue une punition, mais aussi une forme de purification. (sic)*

Je n'ai visiblement pas le Q.I. suffisant pour porter la contradiction à ce brillant intellectuel s'inspirant de la charia au moment où une jeune veuve africaine va être massacrée **à coups de pierres**, lancées par la populace en fête, pour avoir tout d'abord enfanté hors mariage, et pour sa «purification», comme nous le révèle notre professeur au cycle d'Orient(ation) avec un O majuscule d'où nous vient ce penseur apparemment pas encore très bien intégré dans notre conception de la démocratie.

Mais qu'un tel «concitoyen» (je suis Genevois sans l'avoir voulu ce qui n'est certainement pas le cas de Monsieur Ramadan) puisse tenir de tels propos dans un journal étranger me donne le droit que je déteste le plus: d'être raciste.

En vérité, mes bien chers frères, je n'ai plus l'âge des coups d'éclats – et je le déplore. Car j'aurais volontiers brûlé mon passeport devant le Cycle de désorientation afin de ne plus me sentir congenevois de celui-là – dont le nom, Ramadan, signifie *privation de nourriture, de boisson, de tabac et de plaisir sexuel du lever du jour au coucher du soleil.*

Alors, dites-moi, Professeur, à quelle heure peut-on lapider les femmes – sans charrier?

Jack Rollan

Sexualité australienne

Or donc, la mode étant aux enquêtes sexuelles, il devient à peu près impossible d'ouvrir un journal sans tomber sur un article du genre «Le droit à l'orgasme doit-il être inscrit dans la Constitution?»; ou alors «Un homosexuel peut-il accéder à la direction des CFF?»; ou encore «Les facteurs norvégiens ne parviennent plus à satisfaire les avances des ménagères délaissées!»; ou mieux «les secrétaires qui cèdent à leur patron après le travail sont-elles en droit de réclamer des heures supplémentaires?»

Autant de problèmes journellement soulevés par la presse et dont l'intérêt sociologique ne fait pas un pli depuis mai 1968.

Plus personne aujourd'hui ne conteste l'importance qu'il y a de connaître le nombre d'étudiantes californiennes qui s'onanisent secrètement en regardant leur professeur de droit commercial, et de savoir par cœur le pourcentage des mécaniciens de précision japonais ayant des relations extra-conjugales avec leur chef d'atelier.

En ce qui me concerne, je vois mal l'utilité de ces statistiques, mais les responsables des journaux à grand tirage nous assurent que les lecteurs se montrent très friands de ces détails. Ne voulant pas avoir l'air d'être à la traîne dans un métier où il faut être à la pointe, je me dois donc de vous faire partager les résultats du dernier sondage commenté par le président du Parti démocrate de l'Australie du sud – selon l'Agence France Presse. Voici ce que dit cet éminent citoyen:

Trop d'hommes n'ont jamais appris la différence qu'il y a entre faire l'amour avec une femme, ce qui prend quatre heures, et un rapport sexuel qui n'excède pas quatre minutes...

Ce n'est somme toute pas très drôle pour une femme de se retrouver enceinte après un bref rapport sexuel sur le coin d'une table de cuisine avec un homme qui n'a pas pris le temps d'ôter ses vêtements et qui tente en même temps d'attraper une bière dans le frigo.

Fin de citation.

L'Australie est un continent mal connu, mais voilà, n'est-ce pas, une information qui va contribuer à une meilleure connaissance de ses habitants. Disons toutefois que le commentateur en cause paraît être encombré de quelques préjugés bourgeois que l'on n'est pas obligé de partager... Personnellement, je n'ai rien à redire contre les coins de table auxquels s'attachent divers souvenirs tout aussi délicieux que les divans de Baudelaire profonds comme des tombeaux...

À condition, bien entendu, de ne pas y rester quatre heures et de changer de décor en cours de route !

Du reste, contrairement à l'avis de notre démocrate, on n'a pas toujours quatre heures devant soi – à moins de regarder en même temps la finale simple-messieurs entre Lendl et Wilander. Mais là, vous risquez de vous déconcentrer et de mettre la belle « out » !

De même, mais à condition que cela ne soit pas une habitude, il est des fois où le bonheur est partagé lors d'un assaut de quatre minutes où les partenaires ne prennent pas le temps de se dévêtir, et il faut être président d'un parti rétrograde pour ignorer la joie sauvage et fugace d'un coup de foudre partagé sur un coin de table. A condition qu'il soit arrondi.

Certes, il y a la chanson où Juliette Gréco susurre : « Déshabillez-moi… Mais surtout pas trop viii-te… ». Mais je me souviens aussi d'une réplique du « Voleur » de Bernstein que lance l'héroïne à son mari : « Viens ! Prends-moi tout habillée ! Comme l'autre jour ! »…

Alors méfions-nous une fois de plus des sondages et des statistiques. Entre les quatre heures du président (j'aimerais d'ailleurs bien avoir aussi l'avis de la « présidente » !) et les quatre minutes à la cuisine, il nous reste toute l'inépuisable gamme qui passe par « Couchés dans le foin » de Mireille et « La bonne tempête » de Verlaine.

Seul point sur lequel je suis d'accord : le coup du frigo.

Car je n'aime pas la bière.

Ski de fond…

Or donc, les années s'étant additionnées le long des vertèbres, arrive le moment d'une certaine raideur de l'arrière qui pourrait passer pour de la distinction britannique aux yeux des inconnus mais qui, ressenti de l'intérieur, dis donc, vous tient lieu de bulletin météorologique permanent.

Car, en plus de cette rigidité d'outre-Manche, c'est toute une gamme de douleurs symptomatiques qui vous avertit du temps qu'il va faire par autant d'irradiations éloquentes aux quatre points cardinaux de votre anatomie. La fesse gauche c'est pour la neige, le genou droit annonce la bise, la nuque se charge du foehn, la 5e lombaire prévoit la vague de froid, alors que les mollets lancinés vous préparent à l'humide «redoux» – source paradoxale de toutes les grippes étrangères et autres refroidissements nationaux.

La saison étant propice aux susdites manifestations, je ne vous dis pas dans quelle humeur je me languis depuis quelques mois...

C'est au point, dis donc, que le grog au rhum reste inopérant!

Et c'est la mort dans l'âme que j'ai dû aller prendre l'avis du médecin qui a commencé par m'interdire les tabourets de bar sous prétexte que la position qu'ils imposent provoquerait une distorsion du rachis au niveau de la 3ᵉ dorsale...

Ouais!

– Bon, d'accord! lui ai-je dit, je resterai debout!

Mais l'autre entendait bien «debout» mais sur la neige, équipé-pour, bâtons en main, deux heures par jour!

À l'heure où vous lirez ce lignes, me voilà donc à des 1500 mètres au-dessus du niveau de la mer, pratiquant ce qui s'appelle le ski de fond, – sport par excellence, paraît-il, pour retrouver la souplesse de ses 20 ans et la flexibilité de votre colonne vertébrale...

Moi, à propos des toubibs, ce que je leur reproche c'est qu'ils nous ordonnent des trucs, généralement sur des bouts de papier illisibles, sans s'occuper des effets souvent désastreux (bien que dits «secondaires») que vous allez en subir.

Dans le cas qui nous occupe, je suis fait pour le ski de fond comme Michel Galabru pour danser les claquettes! Nous sommes là en présence d'un problème de «personnalité». Et la mienne se refuse à se déplacer sur des planches qui ne font pas partie de ma personne. C'est dire que je n'y puis rien: il ne s'agit ni de volonté ni de snobisme. C'est comme ça.

À la réflexion, cela pourrait bien être accessoirement aussi une question d'équilibre – vu que je me retrouve par terre dès que je m'efforce de rester à la verticale...

L'ennui supplémentaire est que personne ne me croit! – Mais voyons! on ne tombe pas en faisant du ski de fond!!!

Et pourtant je tombe, moi! À cause de ma personnalité.

Et comme je tombe mal, ça fait rire les vieilles dames qui me dépassent sans s'arrêter.

Certes, mon métier est de faire rire les vieilles dames aussi, mais cette façon-là est humiliante. Toujours pour ma personnalité.

Surtout lorsque passe un groupe de jeunes, comme l'autre matin, dont l'un d'eux me lance: – Alors pépère, tu fais du feu pour le pique-nique???

En réalité, j'essayais à genoux de remettre dans l'ordre les bouts de bois fixés à mes extrémités elles-mêmes emmêlées comme les bras d'un calamar sortant d'un typhon de force 8 sur l'échelle de Beaufort.

Mais les jeunes d'aujourd'hui ne respectent plus rien et ceux-ci s'enfuirent dans des éclats de rire au lieu de me demander des photos dédicacées !

Je m'en étais d'ailleurs qu'au 3e jour de ce régime, et la décision me parut bonne d'engager un professeur « de fond ».

Étant connu qu'il n'y a pas de sot métier, on trouve en effet des types dont la profession est de ramasser dans la neige les types qui ne savent pas s'y tenir debout.

Le mien est charmant, bien élevé, patient et tout. Au lieu de me traiter d'andouille, d'abruti ou de cloche pas possible, comme je ferais moi-même dans la situation inverse, il me répète poliment :
– Là !... c'est déjà mieux, vous voyez ? Vous avez fait un bon mètre de plus que le coup d'avant !

Mais c'est hélas généralement « un bon mètre de plus » à plat ventre.

Qu'importe ! il me ramasse très aimablement par le col, comme on relève un pardessus dont la ganse a cédé. Et comme je le paie pour ça, dis donc, ma personnalité accepte sans faire trop d'histoires...

Bilan : 3 jours seul + 4 jours avec le prof, voilà une semaine bénéfique pour le commerce local. Outre la location des bouts de bois en cause et des chaussures ad hoc, j'ai cassé mes lunettes, perdu mes gants, foulé ma cheville gauche et pris un rhume que je traite très sérieusement au bar de l'hôtel.

Quant à ma colonne dorsale, – faudrait pas l'oublier, celle-là ! – après la soixante d'à-plat et d'à-cul susmentionnés, elle me coûte 65 francs tous les matins entre les mains du kinésithérapeute diplômé que m'a recommandé mon professeur de ski à 40 francs les 30 minutes.

Je ne sais trop pourquoi, j'ai la vague intuition que tout ce petit monde (formant la Société de développement de Crans-sur-Sierre) se sourit joyeusement dans mon dos...

Je m'en fous. Chacun sa personnalité, dis donc : on ne peut pas être à la fois Victor Hugo et Vreni Schneider !

Pain fantaisie

Or donc, nous l'avons appris très tôt : l'Air, le Feu, la Terre et l'Eau constituent les quatre éléments fondamentaux de notre survivance.

Sans eau – tu meurs de soif, sans feu – tu meurs de froid, sans terre – tu meurs de faim et sans air – tu meurs tout court, dis donc.

Ces quatre éléments nous sont d'ailleurs tellement naturels, au propre comme au figuré qu'on n'en parle quasiment jamais dans la vie quotidienne – sauf en cas d'incendie, d'inondation, de secousse tellurique ou de pollution aérienne.

En revanche, un **cinquième élément** tout aussi vital mais longtemps ignoré, caché, secret, condamné par l'Église, dénoncé par les momiers, méprisé par les bigots, tabou chez les bourgeois et honteux chez les prolétaires, – oui, un 5e élément a littéralement envahi les mœurs, les journaux, la télé, la pub, la politique, la cuisine, le sport, les vacances, le spectacle, le téléphone 156 et le *Bonjour* de Jack Rollan : c'est le Sexe !

Plus moyen de parler d'autre chose désormais dans un monde où les rues sont tapissées de paires de fesses nous conseillant d'adopter le **Frigador,** et où, en ouvrant le journal, vous ouvrez des cuisses qui vous recommandent le four **Caloresse,** et où la télé, que vous allumez pour apprendre le temps qui arrive, vous impose un zoom sur le regard chaviré d'une dame en orgasme qui halète que le matelas **Moncheri a des ressorts «coopératifs»**...

Impossible désormais de se choisir une voiture sans devoir tout d'abord détailler la môme haut troussée alanguie sur le radiateur. Impossible de vous acheter un rasoir qui ne soit pas brandi par une nana nue caressant le torse velu d'un type à poil auquel elle glousse d'un air vachement cochon : Mmmm... ça sera bon... après!!!

Or voici que le pain, jusqu'ici épargné par cette sexopandémie occidentale, le pain encore sacralisés en maints endroits, oui le pain à son tour devient objet de sexualité – non comme instrument mais comme aliment...

L'ère de l'aphro-alimentaire.

Certes, il n'était plus depuis longtemps le pain simple et biblique de nos ancêtres. Qui se souvient encore que les soldats de Napoléon se nourrissaient de trois livres de pain par jour pour aller conquérir la Russie?...Même que c'est quand il n'a plus pu les leur distribuer qu'il a dû se faire la Bérézina.

Mais depuis lors, que de pains divers! Que de pain à toast, de baguette parisienne, de pain bis, de pain brioché, de pain Bürli, de pain de sésame, de seigle, de graham, au lait, bernois, vaudois, valaisan...

Sans oublier le pain-bromure, dis donc, pour calmer la libido dans les écoles de recrues...

Eh! bien, les Russes viennent très précisément d'inventer le pain contraire dont la nouvelle levure fait lever, paraît-il, les désirs des consommateurs défaillants...

L'évangile de Matthieu disait bien que l'homme ne vivra pas seulement de pain, mais personne jusqu'alors – même pas moi, dis donc! – n'avait imaginé que cette proclamation annonçait l'arrivée du pain aphrodisiaque!

On voit donc bien que le sexe est désormais partout – et avec la TVA par-dessus!

Mais où allons-nous? je vous le demande... Dans quelque temps, le simple geste courtois de tendre du pain à sa voisine de table deviendra équivoque. – Un peu de pain, chère madame? et vlan! tu prendras un pain sur l'œil... ou un coup d'œil prometteur...

Et nous verrons alors les mères de famille soucieuses de préserver la vertu de la progéniture, tout en maintenant la virilité de leur mari, commander, du bout de la table: Allons les enfants! je vous ai déjà dit qu'on ne finit pas son pain!... C'est Papa qui s'en chargera!...

Faut-il privatiser le Conseil fédéral?

Or donc, si le secteur privé bascule joyeusement dans la mondialisation, le secteur public, lui, a tendance à déraper vers la privatisation.

Cela vient de la grande fatigue que les dirigeants subissent de plus en plus sous la charge dont ils sont chargés (d'ordinaire j'écris mieux que ça mais c'est ma portugaise aide de ménage qui m'a emprunté mon dictionnaire des synonymes pour perfectionner son français).

On comprend dès lors que les susnommés surchargés souhaitent se décharger en refilant les plus lourds boulots à des affairistes privés – qui s'empressent alors de diminuer le poids des charges afin d'augmenter celui des bénèfes.

Les résultats de cette politique de soulagement sont immédiatement contrôlables, notamment dans les chemins de fers britanniques qui, devenus « privés », se sont retrouvés surtout privés de direction ; au figuré et, par voie de conséquence au propre, c'est-à-dire déraillant à tout va ou se télescopant de très shocking manière – mais aux heures de pointe, fort heureusement, ce qui ne fait que des morts parmi les pendulaires et autres salariés sans atteindre les membres de la jet-set.

Autre exemple, suisse celui-ci : le téléphone, qui faisait l'admiration de l'étranger, a été (partiellement en attendant mieux !) privatisé et se trouve aux mains d'une bande de vandales en col blanc qui détruisent les cabines et arrachent les annuaires dans celles qui subsistent où tu peux même plus entreposer ton carnet d'adresses, dis donc, la seule surface disponible étant obliquée à 45° et réservée à une série de boutons destinés aux ingénieurs en technologie électronique qui voudraient retrouver le numéro des pompiers.

En passant devant l'un de ces cabanons pour fous furieux (à la sortie !), j'ai sauvé récemment une mère de famille qui allait tout droit se jeter au lac après avoir passé (ai-je compris à travers ses sanglots) 20 minutes à presser lesdits boutons dans l'espoir de trouver le numéro d'un certain Séraphin Marikiloski à Cossonay… – capitale dont elle ignorait le code postal réclamé par l'écran témoin !

Car voilà, mairdalord, le génie de ces technocrates : si vous ignorez le CP de Cossonay (3744 habitants – hors saison !), vous ne pourrez pas obtenir, malgré tous ces boutons, le numéro de téléphone de M. Séraphin Marikiloski – pourtant unique en Suisse sous ce patronyme.

Eh ! bien moi, j'offre sérieusement 500 francs (discrétion garantie) à celui qui me livrera le numéro « privé » du directeur de Swisscom, et je vous jure de l'emmerpeler 20 fois par nuit jusqu'à ce qu'il me fasse condamner pour harcèlement téléxuel. Et comme je suis insolvable, j'irai en prison (perdre quelques kilos) et tout le pays connaîtra enfin le nom de cet imbécile diplômé HEC !

Et ne me plaignez pas : j'en ai vu d'autres !

Quant à vous, vous en verrez encore davantage dans le genre privatisationnellistique. La Poste a commencé à s'autoprivatiser, histoire de nous préparer l'avenir que nous concoctent les margoulins futurs entremetteurs de nos lettres d'amour (maximum 50 g) et de nos colis express au tarif des pralinés : 6 fr. les 100 grammes.

Pour les trains, c'est également en bonne voie de garage. Plus de personnel sur les quais, un contrôleur tous les 300 kilomètres (aubaine pour les petits malins qui voyagent sans billet) et finis, dis donc, les longs soirs d'amour interurbains : le dernier départ de Bienne est à 22 h 40 et, à moins que mon adoratrice habite la Bahnhofplatz, ça me laisserait à peine le temps de lui raconter le merveilleux amant que j'étais au XXe siècle, – surtout si c'est une aborigène plus bieline que biennoise, tu vois, et que je doive lui bilinguer mon cursus casanovite à l'aide du guide de l'Office du tourisme.

Reste l'Armée, comme on sait, qui n'en finit pas de diviser ce peuple de guerriers neutres entre ceux qui sont pour les chars XXI et ceux qui regrettent la cavalerie, plus ceux qui sont pour les balles en caoutchouc et ceux qui sont pour la petite Gilberte de Courgenay. Tout ça coûte beaucoup d'argent et de soucis à ce nouveau conseiller dont j'ai déjà oublié le nom, mal soutenu par ses collègues accablés par leurs propres embernements et malmené par son ami Blocher.

Suffirait de privatiser l'armée, dis donc, solution qui offrirait des emplois fixes à tous les Rambo de discothèques et aux multiples « petits-chefs » en manque de harcelés à mobbinguer dans leur service…

Après quoi, le plus gros étant fait, restera plus qu'à privatiser les cours d'eau, les lynx valaisans, les soins intensifs et l'exploitation des cimetières – et nos dirigeants, soulagés, auront enfin le temps d'organiser la privatisation du Conseil fédéral !

En vérité, mes bien chers frères, c'est d'ailleurs bien par là qu'on aurait dû commencer !

La graisse des autres...

Or donc, au moment où je sors d'une ruineuse clinique où j'ai posé une brioche disgracieuse qui m'a coûté là beaucoup plus cher que tout ce que j'avais absorbé pour l'arrondir, j'apprends par les médias que LES GROS nous coûtent en gros 4 milliards – pour des bobos dus à leur « excès pondéral », dis donc, comme si l'on ne pouvait pas dire leur graisse ou leur « schpäekrr » pour les bilingues.

À propos du mien, j'avais, en effet, par négligence, paresse, gourmandise et volupté, amassé une huitaine de kilos superflus qui alourdissaient fâcheusement la silhouette idéale de Fred Astaire qui fut toujours la mienne.

Or 8 kg à déplacer, c'est supportable quand vous les portez à la main en revenant du marché avec les patates.

Mais lorsque vous les trimballez en permanence sous la chemise, ça finit par peser sur la conscience à la montée des rues descendantes, – ce qui est rare à Bienne où vous me lisez, mais très répandu à Lausanne d'où je vous écris.

Et comme il ne suffit pas de supprimer l'apéro de midi et la fondue du samedi pour perdre 8 kg, j'ai choisi courageusement la « cure-minceur » à 300 fr. par jour, infirmières à part, médecin en plus, gymnastique par-dessus, physio en sus et fenouil sans sauce.

Car c'est la règle curieuse de ce genre d'établissement : plus tu manges mal – plus c'est cher !

Dans un hôtel normal, dis donc, on appellerait le directeur pour lui demander s'il se fout du monde. Ici, le directeur est en blouse blanche et ne se dérange avec son stéthoscope que si le client s'évanouit d'inanition, – ce qui n'arrive jamais vu qu'on vous donne (pour vos 300 fr.) un minimum vital afin d'éviter les décès qui ne manqueraient pas de nuire à la réputation de la maison et de faire fuir les survivants.

C'est ainsi que j'ai découvert durant ces trois semaines la saveur inattendue de la courgette-vapeur, la succulence inconnue des carottes à l'eau, la sapidité délicate de la paraffine dans la salade, la douceur insoupçonnée du poisson sans sel et de la crème vanille sans crème.

Mais, soutenu par la devise « Il faut souffrir pour être belle » dont j'avais fait « Il faut maigrir pour être moins moche », j'ai tenu 21 jours sans pain, sans beaujolais, sans saucisson, sans chocolat ni salami. En grimpant deux fois par jour et par tous les temps dans une forêt pentue à 45° et caillouteuse comme un chemin de bagnard dans un roman de Victor Hugo. En pédalant le matin et ramant l'après-dîner (?) sur des engins dont une monitrice attentive venait freiner la mécanique toutes les 5 minutes en m'encourageant d'un cordial : – Courage, M. Rollan ! Vous perdez UN gramme par kilomètre...

Et tout cela, j'insiste ! à mes frais !

Alors que j'apprends que des milliers de gros lards et de pouffiasses nous coûtent trois virgule huit miyards (diction radio/tévé) de francs chaque année !

Car ceux qui n'ont pas le courage de poser leur brioche à temps et celles qui se résignent à garder leurs bourrelets deviennent pneu à pneu des obèses...

Et l'obésité, la chose est connue, engendre le diabète, l'insuffisance respiratoire, l'infarctus du myocarde, l'arthrose des genoux surchargés, le tassement des vertèbres, les maladies du foie et la déprime qui s'ensuit inévitablement.

L'époque des bons gros rigolos est terminée. L'obésité mène à l'hôpital sous un autre nom et l'hôpital, dis donc, qui c'est qui le paie ??? C'est de nouveau NOUS, par l'aimable entremise des assurances – qui refuseront de rembourser ma cure-minceur mais qui payeraient sans discuter mon diabète ou mon infarctus si je m'étais laissé aller plus longtemps à ma gourmandise...

Vous comprendrez donc, mes bien chers frères, que je proteste haut et fort contre cette scandaleuse injustice. Puisque non seulement ça m'a coûté un saladier pour éliminer MA graisse mais qu'il va falloir maintenant – mairdalord ! – que je repaie pour les gros qui veulent garder la leur !!!

Si votre mère se prostitue...

Or donc, si votre mère a fait ce choix, ne vous énervez pas, votre tour viendra bientôt sous forme d'une annonce dans votre journal qui précisera :

Ça nous intéresse !

Avec un numéro de répondeur sur lequel vous n'aurez qu'à dicter vos coordonnées puis à attendre patiemment qu'on vous convoque pour participer en direct à l'émission qui porte ce titre alléchant.

La télé se découvre tous les jours une nouvelle vocation dans le réalosocialhumanidéfoulopopuliste. Ça a commencé par *Si vous avez des taches de rousseur,* et une demi-douzaine de roussis des deux sexes sont venus débattre de ce problème cosmique avec des arguments contradictoires – Dieu merci ! – entre la dame qui avait tout essayé pour s'en débarrasser et celle qui lui coupait la parole : – Pardon ! pardons madame ! Mais moi j'estime que c'est un « plusse », parfaitement ! même qu'au niveau sexuel ben j'peux vous dire que mon mari ne s'en est jamais plaint ! Pis tous les autres avant non plus !

– Et vous, monsieur ? lance alors l'animatrice (relookée en tireuse de cartes) en direction du Jules qui n'a rien encore dit...

– Ben moi vous savez ça me serait plutôt égal vous voyez mais quand j'me déshabille hein c'est pas toujours évident !

– Parce que vous vous regardez dans le miroir ?

– Non mais les autres, vous voyez, elles aiment pas toujours...

Peu après, l'annonce disait :
Si vous avez fait de la prison
Ça nous intéresse

Et zoum, ça marche ! car y a des types qui sont tellement frétillants à l'idée de passer à la télé qu'on voit même des prématurés qui ne sont pas encore sortis de tôle et qui nous racontent comment ils en sont arrivés à étrangler leur bonne femme parce qu'elle lui reprochait douze fois par jour de ne pas refermer la porte du frigo quand il allait chercher une bière...

Et comme le public adore ça, dis donc, y a qu'à poser n'importe quelle bourde pourvu que ça puisse faire un **problème de société** – tu vois ?

Par exemple :
Votre mari s'endort-il après l'amour ?
Ça nous intéresse

Ce qui donnera l'occasion à une courageuse de venir avouer : – Non, le mien il s'endort avant !

Et une autre : – Je peux pas vous dire parce que moi je m'endors pendant...

L'intérêt de ces fausses confidences télédiffusées est tel que toutes les chaînes s'y mettent, en changeant de décor et en modifiant le titre. Et puisque vous aimez ça, mes bien chers frères, réjouissez-vous car voici ce qu'on vous prépare :

Souffrez-vous d'avoir 20 kg de trop ?
Ça nous intéresse !
Votre fille est-elle enceinte d'un Kurde qui ne parle pas le français ?
Ça nous intéresse !
Le harcèlement sexuel de votre patron ne va pas assez loin ?
Ça nous intéresse !
Avez-vous des hémorroïdes ?
Ça nous intéresse !
Votre concierge accuse votre chat de faire caca dans l'ascenseur ?
Ça nous intéresse si vous n'avez pas de chat.
Avez-vous en horreur ces émissions imbéciles où l'on pose des questions imbéciles sur un sujet imbécile à des imbéciles qui se montrent ravis d'être manipulés comme des imbéciles ?
Ça nous intéresse !
La télévision – merveille du siècle – devait nous apporter à domicile, la Beauté, le Savoir, la Musique, le Progrès, la Découverte, l'Avenir, l'Espoir, tous les enchantements que des milliers d'artistes de toutes les couleurs allaient enfin pouvoir échanger par-dessus les océans, les langues et les dieux…
Et voilà – nom de dieux ! – que de bavards connards se prenant pour des stars et de sottes hôtesses aux faux airs de princesses nous volent les meilleures heures de la soirée pour le ravissement bovin du troupeau d'analphabètes qui attendent de pouvoir s'inscrire à leur tour le jour où le journal du matin publiera l'annonce qu'ils attendent :
Vous vous sentez de plus en plus con ?
Ça nous intéresse !

In the Mood…

Or donc, apprend-on, la mort de Glenn Miller aurait été beaucoup moins militaire qu'on le croyait jusqu'ici…
En effet, la version officielle voulait que le fameux jazzman ait disparu dans la Manche avec l'avion qui l'amenait en France pour rejoindre son big band en uniforme.
Mobilisé pour maintenir le moral du corps expéditionnaire allié, le major Miller était donc mort en service commandé, – ce qui conférait à son décès une couleur héroïco-tragique.

Tragique parce que prématurée, héroïque parce que sous l'uniforme.

Et aussi un peu « injuste » (entre guillemets) car s'il est communément admis que des milliers de soldats anonymes meurent dans les affrontements de la guerre, nous sommes beaucoup plus frappés lorsqu'il s'agit d'une vedette du jazz qui n'avait qu'un trombone pour se défendre...

Néanmoins, tous les hommes étant égaux devant la mort, il serait inique d'estimer – à moins d'être marchand de disques, dis donc ! – que la mort d'un chef d'orchestre est plus militairement regrettable que la mort d'un chef de gare.

Là-dessus, plus de 50 ans ont passé et, si nous avons oublié les chefs de gare morts au combat, nous avons cent fois réécouté la tendre *Moonlight Serenade* (qui fut « notre chanson », rappelle-toi Tamara !), et avec le même sourire le joyeux *Chattanooga Choo Choo* et réclamé en bis l'impérissable *In the Mood* dont la swingante sérénité, et pour longtemps encore, narguera les intellos de l'impro rocailleuse et dérapante dans le dévaloir sans issue où s'accumulent les débris des triolets de quintuples croches qu'ils déversent – Cocteau dixit –, « accrochés à leur saxophone comme le pochard qui soliloque en étreignant son réverbère »...

Mais voici soudain qu'un journaliste « d'investigation » (comme ils disent) prétend qu'il a trouvé, dans un dossier des services secrets américains, un rapport encore plus secret sur le décès « réel » du cher Glenn – qui serait mort beaucoup plus agréablement d'une crise cardiaque dans une maison close parisienne.

C'était donc avant « la fermeture ».

Et c'est pour ne pas risquer de ternir l'image du « gentleman du jazz » que l'on aurait fabriqué la version de l'avion perdu – tel celui de St-Exupéry.

Eh bien ! mes bien chers frères, dis donc, voilà une bonne nouvelle qui devrait nous réjouir car, tout en respectant la mort militaire du cher St-Ex, je préfère de beaucoup celle de l'inoubliable cardinal Danièlou (1972) dans les bras séculiers d'une amoureuse professionnelle, ce qui garantit le passage de vie à trépas dans des conditions de confort optimales – y compris le service après-vente !

Certes, si l'on avait appris, à l'époque, la vraie raison du décès de notre cher trombone, beaucoup d'hypocrites en auraient été sincèrement choqués... Comment ??? Alors que les soldats américains se battent pour libérer l'Europe, le plus populaire d'entre eux, de plus spécialement chargé de leur remonter le moral, n'avait rien de plus urgent en débarquant que d'aller chercher le repos du guerrier avant même que d'être fatigué!!!

Mais ceux qui l'aiment toujours (j'en suis!) penseront aujourd'hui que c'était un Américain victime du débarquement... La chance lui avait épargné la mitraille allemande – le sort l'a rattrapé dans les bras de la France!

Les esprits constipés estimeront sans doute que cette révélation donne tort à ceux qui nous conseillent: «Faites l'amour et pas la guerre»... puisqu'on peut mourir de l'un sans faire l'autre.

D'accord – mais c'est plus rare dans l'un – et beaucoup plus agréable dans l'autre!

Inn ze mort!

Cellulogenèse

Or donc, après avoir été bactérie, ver de vase, éponge, corail, algue marine et morpion d'eau douce avant de poursuivre sa lente évolution sur des millions d'années dont j'ai oublié les détails, l'homme a fini par découvrir le moyen de se reproduire lui-même – pratiqué encore de nos jours.

Cet acte, purement animalistique, provoqué sous l'action incontrôlable de glandes assez mal placées que les artistes peintres et sculpteurs s'efforcent de minimaliser, a cependant inspiré dès la plus haute antiquité des odes, hymnes, poèmes, élégies, drames, ballets, tragédies, romans, opéras et chansons où il n'est question que des enchantements de l'âme et des jubilations du cœur.

Mais pas un mot sur les glandes, dis donc, ce qui est bien le comble de l'hypocrisie amoureuse puisqu'il est scientifiquement reconnu que l'Amour vient de là!...

À part, bien entendu, l'amour de Dieu, l'amour de l'argent et l'amour de la patrie.

Et la Nature a bien fait les choses, là aussi, là surtout, en dotant la femelle de l'homme de grands yeux dont l'éclat électromagnétique fait office de télécommande sur les organes susmentionnés, et même parfois, pour ne pas dire de préférence, même lorsque la créature se présente de dos...

C'est là un des mystères du regard féminin!

Donc, l'essentiel étant rappelé, inutile, pas vrai? de décrire plus avant les détails de la rencontre qui découle de ce regard et dont l'aboutissement normal, sauf déviation volontaire de la circulation gonado-ovulaire à des fins érotiques ou contraceptives, sera l'arrivée neuf mois plus tard d'un nouveau contribuable.

Faut-il rappeler que cet échange (généralement fort agréable à pratiquer) est le seul moyen de perpétuer la vie sur Terre – du fond des océans au sommet des montagnes? De la baleine au rhododendron et du baobab au rossignol en passant par Christoph Blocher, c'est ce même procédé qui assure la pérennité des espèces vivantes.

Sauf pour l'huître, je crois, qui se débrouille toute seule dans son jus – mais je n'ai pas eu le temps de vérifier.

Mais tout ça pourrait bientôt changer, dis donc, d'après une dépêche de l'AFP signalant que les travaux d'une chercheuse ricaine lui permettrait d'avancer que **n'importe quelle cellule du corps humain** pourrait désormais fertiliser un ovule...

On voit d'ici l'avantage: plus de regard féminin, plus de désir masculin, fin de ces contacts sexuels si souvent source de conflits, de mésentente et finalement de divorce.

Sans compter la fatigue de ces nuits d'amour, l'essoufflement de ces coïts pendant la canicule, et le manque d'érotisation au soir des jours de stress...

En un mot, plus besoin d'amour pour avoir un enfant. File-moi une cellule et laisse-moi dormir!

Le Dr Kaplan (c'est la chercheuse) prévoit même qu'une cellule de femme pourrait fonctionner tout mêmement. C'est dire, ma chère, que si ton mari n'est pas d'accord et fait la gueule dans son coin, t'as qu'à sonner chez la voisine qui t'en prêtera une à charge de revanche – comme on s'emprunte un citron sur le palier.

Et notre chercheuse évoque déjà le vaste et juteux marché des futures mamans lesbiennes... qui pourront – enfin! – se libérer de l'humiliante spermission d'un donneur (pouah!) pour s'entrecellulesbier après le pacsage à l'acte notarié et accoucher d'un moujingue bien à elles qui n'en aura rien à foutre de celui d'un pédé, – va savoir, dis donc!

Un détail sympa quand même: les Jules malchanceusement stériles, dont les glandes leur glandouillent des orgasmes uniquement divertissants le samedi soir après le turbin, pourront à leur tour fertiliser leur Juliette en lui offrant une cellule conjugale – sans doute moins agréable à sacrifier, mais garantie sur facture (du gynéco).

Pour l'heure, nous ne savons rien encore de la façon dont s'effectuera le prélèvement de ladite cellule, ni du traitement qu'elle subira en labo avant d'atteindre la qualité d'un spermatozoïde d'avant-guerre...

Mais en vérité, mes bien chers frères, je ne saurais trop vous recommander d'enseigner d'urgence à vos petits-neveux, futures victimes potentielles de cette celluloconception passive, et pendant qu'il en est encore temps **avant que la tradition ne se perde**, que la meilleure des méthodes de transmission des cellules ad hoc vers les ovules OK est encore – comme faisaient nos pères – de faire l'amour à la papa !

P.-S. D'ailleurs, c'est aussi ce que les mamans préfèrent...

La dame en noir

On pourrait se demander quel déclic m'a branché sur des souvenirs féminins alors que je suis plongé jusqu'au chapeau dans le drame autrement plus ravageant d'un déménagement destiné à installer un atelier qui me tiendra lieu, à l'heure où paraîtront ces lignes, de cellule monacale et de garçonnière capitonnée, de salle à manger et de studio radiophonique, de cabinet de travail et de salle de gymnastique, de grillroom et de chapelle Sixtine.

Mais nous n'en sommes pas encore là et, pour l'heure où je les écris, le futur palais de mes mille et une nuits prochaines ressemble surtout à un hangar qui aurait été, dans un premier temps, soufflé par l'explosion d'une bombe de moyenne importance, puis traversé par une patrouille d'Ostrogoths en fuite devant une tribu d'Apaches – anachronisme volontairement hollywoodien pour mieux dire l'étendue du désastre.

Cartons éventrés, valises vomissantes, harasses démantibulées, malles béantes, et moi, perché sur une caisse renversée, ne sachant par quel bout commencer ma chronique féminale, tel un correspondant de guerre muet de consternation au milieu des décombres: tout est réuni pour donner ce que les journalistes RP (les vrais!) appellent l'image de la désolation totale...

J'en étais là de mes réflexions inquiètes lorsqu'un déménageur, hilare et rubicond, émergea des décombres fumants de ma bibliothèque en brandissant à deux mains un triangle noir qui constituait visiblement l'objet de sa soudaine bonne humeur... Voilà mon déclic!

– Qu'est-ce? dis-je, en descendant de la mienne.

– Ben vous, alors, dit le costaud, vous êtes pas tant physionomiste!

– Je m'approche à travers une jungle de lampadaires et de manches de balais, je saisis le slip, car c'en est un, ravissant, de dentelle savamment ajourée, et je demande:

– D'où sortez-vous cela?

– De là...

Et du geste, il désigne un grand carton ouvert où gît, pêle-mêle, tout ce que j'ai raflé à pleines mains, sans regarder, dans l'une de mes 18 chambres à coucher précédentes – et je ne dirai ni quand ni laquelle, mais je sais immédiatement quelle est la traîtresse qui m'a joué ce tour avec l'espoir qu'il serait découvert par la suivante...

Car, soyons sérieux, on n'oublie pas, par distraction, son slip dans l'armoire d'un Dupont que l'on quitte. Il arrive que ce soit la dernière chose que l'on enlève, mais c'est assurément la première que l'on remet!

Et même en allant jusqu'à admettre qu'un oubli de cette taille (38) soit possible au départ, comment croire que la dame ne s'en soit pas rendu compte à l'arrivée???

On connaît la mésaventure du Vaudois rentrant du Comptoir bien après l'heure et vantant avec ardeur les avantages de la nouvelle moissonneuse-batteuse à l'épouse qui le regarde se déshabiller... et qui s'écrie soudain: «Gustâââve! Qu'as-tu fait de ta camisôle?!»...Et Gustave, se découvrant en effet torse nu sous la chemise qu'il est en train de retirer pour la seconde fois de la soirée, s'exclame dans un grand élan de surprise: «Heu... par exemple! L'aurais-je égârée?»...

C'était l'une des 3000 histoires qu'Albert Itten racontait comme personne, mais vous, chère Viviane qui vous êtes reconnue non pas à ce faux nom dont je masque votre pudeur, mais à ce slip qui devait laisser derrière vous le parfum de la dame en noir pour créer le mystère de la chambre jaune où nous nous sommes aimés jusqu'à la haine, quelle patience vous fallut-il pour compter les jours qui allaient s'écouler avant que le facteur vous rapporte, tout chaud de ma colère, cette petite culotte, à conviction que vous aviez laissée là pour me gâcher une soirée et même, peut-être, le reste de ma vie, – qui sait le mal que peut causer un slip indécent dans un très pur amour qui commence...

Hé! oui, comment jurer qu'il était là depuis des mois – des années, placé par une main malveillante –, alors qu'on le pourrait tout aussi bien soupçonner d'être de la veille, abandonné par une main trop émue?

Perfide Viviane! Tu t'es rappelé que ton engeance est un slip qui se venge froid. Et sur ton petit carnet de bord, je te vois noter: «Jeudi: rupture «oublié» slip en haut de l'armoire. Bye Bye!»

On pense, bien sûr, à la maîtresse jalouse qui enroule un de ses cheveux au bouton de «Bel-Ami»: mais celle-là, du moins, outre l'espoir raisonnable de le savoir découvert rapidement, avait-elle l'excuse de vouloir se venger d'une rivale. C'est le geste fugace d'une amoureuse bafouée. Alors que ce slip à retardement, que celle-ci place au bon endroit comme une mine qui sautera au visage d'une innocente, relève d'une méchanceté plus profonde: vouloir se venger, à plusieurs mois de distance peut-être, sur une inconnue, trahit un amour dont je ne soupçonnais pas l'intensité. C'est très flatteur!

Mais c'est raté. Au lieu de faire pleurer une suivante, vous avez fait rire mes déménageurs... L'eussiez-vous cru, madame, le soir où vous l'enlevâtes pour ne plus le remettre le matin?!

Or donc, votre arme secrète n'ayant pas fonctionné, je ne vous la renverrai pas par le facteur des slips recommandés. Je la conserverai comme prise de guerre.

De guerre en dentelle – noire!

Et comme telle, je l'accrocherai au mur de mes souvenirs – à côté de la photo de Michel Simon.

André Marcel, qui fut aussi son ami, vous dira que c'est le seul voisinage qu'il pouvait souhaiter pour son repos éternel. N'est-ce pas lui qui disait qu'un méfait n'est jamais perdu?

« La Femme nue »

Or donc, les guillemets de mon titre sont là pour indiquer que celui-ci n'est pas de moi mais celui d'une comédie (4 actes d'Henri Bataille) qui fit scandale au temps de mon enfance.

Non pas par le thème (très conventionnel) de la pièce, mais tout simplement par l'impudeur de son intitulé... À l'époque, que l'on puisse afficher un titre aussi « osé » sur les murs d'une ville était une audace du dernier choquant pour les gens bien élevés mais, sur le chemin de l'école, mes 9 ans se retournaient sur chaque affiche pour y goûter le trouble étrangement attirant qu'allumaient en moi ces deux mots dont l'association « femme » + « nue » promettait je ne sais quoi de terrifiant et merveilleux...

Certainement, dis donc, c'était là le fameux **péché** dont nous menaçait le noir catéchiseur en nous avertissant d'une voix terrifiante que c'était celui qui conduisait tout droit dans les flammes éternelles... – ce qui lui donnait à mes yeux innocents un attrait supplémentaire à côté des punitions plus tièdes réservées à la Paresse, la Colère, la Jalousie et l'Avarice dont je pressentais le peu d'intérêt à les pratiquer.

Pour le cas où ces confidences tomberaient sous les yeux d'un lecteur né après la guerre de 40, je me dois de préciser que les femmes nues ne se trouvaient alors nulle part (en dehors des musées), ni au cinéma muet, ni dans les illustrés, ni dans les vitrines, ni dans les « réclames » des magasins pour Dames.

Pour ma part, je n'en fréquentais que cinq ou six qui illustraient une ravissante édition de l'« Aphrodite » de Pierre Louys que Papa laissait imprudemment sur un rayon assez bas de sa bibliothèque, plus une autre, moins séduisante bien qu'en couleurs, dans *Le Dictionnaire médical des Familles* dont on pouvait ouvrir les moitiés, comme des volets, pour voir comment c'était à l'intérieur.

Pour dire qu'en ces temps-là, la femme nue ne pouvait être qu'une courtisane antique, ou une dame à l'hôtel qui aurait oublié de fermer la porte de sa salle de bain, ou alors une de ces filles de Montparnasse qui posait nue pour Renoir quand il peignait le Baiser de Rodin – (j'avais 9 ans...).

Donc « La Femme nue » placardée dans les rues de la ville éveilla en moi des émois que les mois et les années allaient attiser par la loi la plus naturelle du monde – n'en déplaise aux gay-pridistes qui défilent en string pour nous inculquer (si j'ose ce verbe actif) le droit à l'indifférence pour les promesses de l'affiche qui troubla mon enfance...

À l'âge troublé de la préadolescence où les petits copains découvrent dans la main d'un plus grand à quoi sert sa ziquette, il est d'une excellente «opportunité» éducationnellistique de leur expliquer que ce défilé de mecs à poil et de nanas dépoitraillées constitue une nouvelle manif du folklore valaisan.

Bravo donc aux Zautorités sédunoises – dont les grands-pères avaient interdit l'affichage de «La Femme nue»... Quel progrès, mes chers frères: la gay-pride à Sion! et sans déprédations grâce à la gendarmerie qui encadra les manifessetantes et manifesbiennes.

Cela dit, moi aussi, (mais sans pour autant tomber dans l'ex-sexe contraire) oui moi aussi je dis, je crie, je hurle: marre des femmes nues!!!

Trop c'est trop!

Vingt fois par heure, toutes les trois pages du journal, tous les quarts d'heure à la télé, tous les dix mètres dans la rue, dans une vitrine sur trois, dans les gares, véritable harcèlement sexuel toléré par la loi, les femmes nues (ou à moitié – ce qui est pire!) nous guettent, nous attendent, nous interpellent, nous hèlent, nous poursuivent, nous sifflent, nous racolent, nous rattrapent, nous retiennent, nous invitent, nous provoquent, nous agressent, nous relancent... et vous ne trouvez plus un «site» pour vous abriter de cette poursuite obsessionnelle... à part les pissotières!!!

Et là, c'est probablement parce que personne n'y a encore pensé!

Car la femme dénudée sert n'importe où désormais à nous vendre n'importe quoi. Haut troussée sur le capot d'une voiture: «Vous ne la sentirez pas partir!» dit le slogan d'en dessous. À cheval sur un frigo nichons dressés: «Les Saints-de-glace toute l'année chez vous!» assure la légende. Sautant en slip et en parachute: «Peur de rien avec Assurisk!» affirme l'assureur. En monokini au sommet du Cervin: «Il fait plus chaud à Locarno!» proclame El Torismo Ticinesi.

Alors grâce! Pitié! Au secours! Au feu! Au fou! À moi! SOS! Mais d'où vient cette pandémie?! Les hommes des cavernes étaient mieux protégés!... Quand on sait qu'à l'époque de ma première affiche, on envoyait des missionnaires pour apprendre aux Négresses à se couvrir les seins!!!

Il est vrai, comme les maris mangeaient les missionnaires, que cela permettait ensuite d'envoyer des troupes pour agrandir les colonies et répandre la civilisation chrétienne...

Moi, si j'étais Dieu (mais chacun son rôle!), j'enverrais des Zoulous pour manger nos publicitaires et apprendre aux gonzesses blanches à se rhabiller comme des Femmes.

La peau des fesses

Or donc, le derrière de Jennifer Lopez fait rêver les Américaines... pour qui l'important c'est le prose.

Pour ma part, sur l'artiste en cause, je ne connais ni lui ni elle, et je le regrette – malgré mon confesseur qui ne perd pas une occasion de m'infliger une pâtée de Pater pour des pensées, dit-il, qui ne sont plus de mon âge. Tout d'abord, de quoi je me mêle, dis donc, et quand c'était de mon âge ses prédécesseurs m'en collaient tout autant.

Donc je lis, titré en gras et en gros dans d'importants journaux qui préparent la guerre en Irak à la page d'à côté, que le postérieur de la Jennifer est à un point d'appétence tel que des chirurgiens-plasticiens vous demandent là-bas entre 7 et 9000 dollars pour vous remodeler les fesses au gabarit de la vedette.

Et comme celle-ci est chanteuse, je suppose qu'elle doit de préférence se produire de profil afin de faire valoir le meilleur côté de son talent.

Toujours est-il que les rondeurs de ladite Lopez sont en train (arrière) de créer une véritable mode universelle, pour ne pas dire un culte.

Il y a donc des Américaines (en attendant que ça traverse) qui se mettent 9000 dollars où vous pensez pour donner à leur der l'air du der des der. Tu callipyges?

À part le prix, le procédé est simple. On commence par décoller la peau des fesses au bistouri, en profitant de la fente médiane qui deviendra la cicatrice invisible (à moins, dis donc, d'aller y regarder de tout près, ce qu'un gentleman ne fait pas – mais y a-t-il des gentlemen américains?)

Une fois la peau ouverte telle une page A4, tu suis? on dépose un moulage de silicone arrondi sur mesure et on referme la page qu'il n'y a plus qu'à recoudre dans ladite médiane.

Idem de l'autre côté (je sens que je saurais le faire pour beaucoup moins cher!) où l'on ouvre la page de gauche pour placer le silicone jumeau avant de rabattre la peau pour la recoudre face à l'autre en prenant soin de laisser libre le sillon naturel pour le passage du string.

L'inconvénient de cette opération, à part son prix qui ne la met pas à la portée de toutes les bourses des maris, oui l'inconvénient est que durant les trois ou quatre semaines qui suivent la jennifessting, la nouvelle Vénus callipyge et qu'a les moyens ne peut plus poser son postère pour s'asseoir, car la reliure du livre neuf est râpeuse, et doit dormir sur le ventre, – ce qui lui apprend qu'il faut souffrir pour être belle du derche, et qu'il faut même sourire afin d'éviter les questions du genre : – Mais venez donc vous asseoir, chère amie, vous n'êtes pas bien... D'où souffrez-vous ?...

Impossible dis donc de répondre : – De la silicone vallée...

En vérité, mes bien chers frères, ce qui me dérange dans cette affaire, c'est que le charmant bijou charnu qu'elles vont arrondir artificiellement pour nous plaire va nous priver d'une excellente définition pour qualifier les cuistres, les fourbes et les mouchards.

On ne pourra plus traiter quelqu'un de faux-cul : ça serait un compliment.

Lettre ouverte à Michel Platini

Cher Monsieur,

Je vous ai toujours considéré comme un personnage éminemment sympathique, sportif exceptionnellement correct, dribbleur élégant, joueur subtil, feinteur éblouissant, shooteur précis, capitaine clairvoyant, démarqueur étonnant, bref ! footballeur idéal, idole méritante des foules, exemple des jeunes, envié des hommes, aimé des femmes et adoré des grands-mères pour cet air angélique de grand garçon souriant et sérieux dont elles ont toutes rêvé pour leur fils...

Sur le terrain, vos passes déroutent l'adversaire et enthousiasment le spectateur. Vous voyez tout : le camarade démarqué à 100 mètres, l'adversaire qui arrive par derrière, le trou à occuper, le couloir à dévaler, la mêlée à dénouer, l'off side à éviter.

Vous savez garder la balle quand il le faut, vous en défaire avant de la perdre, la reprendre au vol, la stopper au pied de l'ennemi et la talonner pour le copain qui suit.

Vous savez être discret, voire absent pour surgir ici quand tout le monde vous croyait là-bas. D'autres, plus forts, foncent dans le tas en massacrant la haie des tibias et en oubliant que l'arbitre va interrompre leur splendide percée ; plus fin, vous contournez le bunker pour glisser le ballon au mieux placé de vos coéquipiers. Il y a en vous du torero sans taureau, de la joueuse de tennis sans raquette, du chef d'orchestre sans baguette, de l'Homme invisible sans chapeau et de l'arrivée de Zorro sans s'presser-er-er...

Dans mon enfance, j'aurais probablement épinglé votre poster au-dessus de mon lit, mais cette idolâtrie n'est plus de mon âge et, de surcroît, déplairait dangereusement à la femme de ménage espagnole. Votre image, d'ailleurs, ne manque pas ces temps-ci dans nos foyers et c'est chaque fois avec le même bonheur que je vous retrouve, mi-souriant mi-inquiet, confiant mais modeste, bougrement sympa – en plus de vos dons sur la pelouse enchantée.

Tout cela pour vous dire, cher Monsieur, que je ne vous tiens nulle rigueur de devoir vous écrire de la clinique où l'on m'a transporté samedi soir. Je ne suis, du reste, pas le seul à avoir fait un infarctus au moment où vous avez envoyé la balle au sommet des gradins alors que le monde entier s'attendait à la voir gicler au fond du filet de Carlos. Rien que dans ma chambre à deux lits, nous sommes quatre – branchés deux par deux sur le même goutte-à-goutte. Tous quatre bien heureux d'ailleurs, de nous en sortir à si bon compte, car des milliers de moins chanceux ne sont pas remis de cet invraisemblable coup de pied, véritable coup du score !

Or donc, non seulement je ne vous en veux pas de me retrouver alité avec des tuyaux un peu partout qui s'entrecroisent avec les électrodes de mes voisins (et naturellement au régime sans sel ni beaujolais), mais je vais profiter de ce repos forcé pour vous dire mes excuses en lieu et place d'une chronique que je reprendrai dès ma convalescence.

Il s'agit, d'ailleurs, d'excuses au nom de plusieurs, c'est le cas où jamais de la dire, car nous étions des millions, samedi soir à ce moment-là, à jaillir ensemble de notre fauteuil en hurlant d'un seul cœur : – Quel con !!!...

En vous remerciant de bien vouloir accepter nos regrets très sincères, je vous prie de croire, cher Monsieur, à mes sentiments inchangés de vive estime et de cordiale amitié.

Bernard Tapie

Or donc, Bernard Tapie a menti.

Ce qui n'étonnera personne puisque tout le monde le savait.

Mais le côté fabuleusement étonnant de l'affaire est dans la durée de l'imposture qui tient toute la francophonie en haleine...

On nous répondra que c'est la règle de la démocratie ; il faut que la Justice suive son cours.

Et comme le moins qu'on puisse en dire étant que la Justice n'ayant pas que ce tapis à battre dans un pays où la moquette aurait besoin d'un sérieux coup d'aspirateur, ledit cours court forcément moins vite que le débit du débiteur du Crédit Lyonnais.

À noter, d'ailleurs, que personne ne s'en plaint – à part les plaignants - vu que le bonhomme est devenu en moins de deux ans la plus médiatique des vedettes du show-biz.

Photogénique sous tous les angles, sa belle gueule de revendeur de voitures accidentées fait le bonheur des magazines sur papier glacé comme des journaux sérieux.

Quant aux télés, elles s'arrachent cette vedette qui fait péter l'audimat devant tous les Nagui/Dechavannes/Sébastien et autres pétomanes chargés de nous rappeler chaque soir que la France est le peuple le plus spirituel du monde.

Aubaine supplémentaire, dis donc, ce baratineur-là, contrairement aux rigolos susmentionnés, ne réclame aucun cachet pour venir faire son numéro et se déplace même à ses frais dans sa voiture de fonctions – au pluriel, typo, s.v.p !

Voilà donc un bénévole amateur qui mériterait depuis belle lurette d'être payé comme le « pro » de tout premier plan où l'a placé son talent de baratineur tout-terrain.

Et s'il y avait une justice (une vraie !), cet homme devrait – à coups de cachets, honoraires, royalties, émoluments, com-

Jack Rollan

missions, primes de scoop, exclusivités, droits de reprises, voire subvention nationale – cet homme, oui, devrait être le mieux payé de l'Hexagone, ce qui lui permettrait de régler ses dettes, de racheter sa chambre à coucher, de repeindre son bateau et de se présenter aux élections présidentielles où son pétulant charisme illuminerait enfin de sa vulgarité réjouissante la grisaille académique d'une campagne électoralement si distinguée que Pasqua la trouve dégueulasse !

Allant bien sans dire, dis donc, que les médias helvétiques – radio/télés/journaux – auraient aussi à payer leur écot sur les échos qu'elles tirent, diffusent et délayent de la saga journalière dont l'illustre Bernard amuse le tapis.

Car, il faut bien en convenir, à part quelques financiers en fuite et deux ou trois banquiers en liberté provisoire, la Suisse n'a jamais eu – depuis le regretté Henri Guillemin – pareille « présence » au petit écran, ni tel « encadré » à la Une de nos gazettes.

À défaut donc de pouvoir légalement lui ristourner les droits de reproduction qu'elle devrait logiquement lui devoir, j'ose espérer que mon pays – au moment voulu et si le malheur obligeait le plus célèbre des Français (depuis de Gaulle, dans un autre genre) à fuir les rigueurs légales d'une république ingrate – oui ! je veux espérer que la Suisse, généreuse et reconnaissante, ouvrira ses portes héréditairement hospitalières pour offrir à Tapie l'asile de nos linoléums !

Un Suisse au nom de plusieurs.

Prière au Père Noël

Pour cette fois, je m'y prends à temps... avec l'espoir, cher Petit Papa Noël, que cette avance vous donnera le temps d'examiner ma prière avant d'être assiégé par celles que les petits enfants vous adressent pour obtenir en vidéocassettes les derniers succès du genre « Le Père Noël est une ordure ! » ou bien « Les pieuvres prennent le Pouvoir à la Maison-Blanche ».

Ma prière à moi, cher Papa Noël, sera plus modeste et soulagera, si vous voulez bien l'exaucer, une bonne partie de l'humanité...

Jusqu'à la dernière guerre mondiale, personne n'eut jamais l'occasion (ni le besoin!) de vous en parler car il y en avait alors de toutes les sortes, et diverses marques se partageaient le marché à la satisfaction générale - vu que la qualité fondamentale représentait le principal critère concurrentiel.

Les gens raffinés choisissaient le meilleur, les gens moyens prenaient n'importe lequel, les prolétaires se contentaient de l'ordinaire – mais, quel qu'en fût le prix, chacun en avait pour son argent!

Mais vint la guerre...

Et les guerres, dont les économistes nous assurent qu'elles sont sources de tous les progrès (au prix de ravages vite oubliés!), les guerres nous apportent aussi les produits de remplacement et les fabrications standardisées.

Or, dans le cas particulier, qui fait l'objet de ma prière, je ne saurais dire avec quoi c'est fait depuis la libération de l'Europe, mais il faut bien reconnaître en toute honnêteté que la qualité était bien meilleure au temps où l'Allemagne régnait sur les peuples opprimés.

Je ne dis pas que c'était le bon temps pour autant – non! je ne dis pas qu'il faut regretter Hitler pour cela – non! non! non! mais je dis que c'était encore l'une des rares choses qui fonctionnaient bien – alors qu'aujourd'hui, les accidents sont quotidiens dans toutes les couches de la population...

Et cela malgré le prix que vous mettrez et la sorte que vous choisirez; rose et ouatiné pour bébé, rude et gris pour cours de répétition, neutre et terne pour les chemins de fer. La marque et le magasin n'y changent rien, et qu'on l'emporte en emballage géant d'un superdiscount ou qu'on l'achète en boîte capitonnée chez le parfumeur de luxe, tous les clients vous le confirmeront (même ceux qui ne penseront pas à en faire leur vœu de Noël): **la qualité n'y est plus du tout!!!**

Au point que l'on peut même se demander si tous les fabricants, qui devraient lutter dans une saine concurrence, ne se sont pas mis d'accord – violant ainsi les réglementations antitrust! – pour maintenir cette fragilité quasi universelle dans cet article de toute première nécessité qui devrait être, pour cela même, protégé par les gouvernements...

Cet article que des millions d'êtres humains préfèrent, exigent et choisissent souple ou raide, ferme ou velouté, opaque ou transparent, gaufré-chamois ou satiné-mauve, fibreux ou parcheminé...

Jack Rollan

Cet article, oui, qui répond au plus pressant de nos besoins, et qui, à ce titre, devrait être contrôlé, sinon par l'ONU du moins par l'UNESCO, et qui, néanmoins, quel qu'en soit le genre, la teinte, la marque ou le brevet, chaque jour au même moment, **trahit le consommateur** au même endroit...

Certes les esprits chagrins ne manqueront pas de protester que ce n'est pas le moment de parler de ça...

Eh bien, si, justement, comme personne n'en parle jamais ni à table, ni au salon, ni à la télé, ni dans les journaux, ni dans le bus, ni au Palais fédéral; comme personne ne pense à s'en plaindre car on est toujours seul lorsque ça se produit; comme personne n'a le courage d'en faire une interpellation ou un postulat; comme Franz Weber lui-même n'a pas le temps de récolter les milliers de signatures qu'il faudrait pour lancer un référendum, il n'y a plus que vous, cher Petit Papa Noël, pour écouter la prière que je vous adresse à la place de la Croix-Rouge Internationale, de Caritas, de Pro Juventute et de la Chaîne du Bonheur!

À défaut de la Paix sur Terre, de l'Amour du Prochain, de la Liberté des Peuples, du respect des Droits de l'Homme, et de tous ces grands idéaux qui dépassent vos moyens, est-ce que vous ne pourriez pas nous rapporter ici-bas le bon vieux papier hygiénique – dans sa solidité d'avant-guerre???

En vérité je vous le prédis: tout le monde, alors, croirait de nouveau au Père Noël...

Être ou ne pas être...

Or donc, par une claire après-midi de printemps, remontant les Champs-Élysées en flânant avec son pianiste Henri Betti («C'est si bon!»), Maurice Chevalier croise deux élégantes dont l'une, vivement, pousse du coude la seconde, en lui soufflant: «Regarde!...Maurice Chevalier!»

C'est évidemment la 10 000e fois que l'incident se renouvelle et notre vedette ne devrait pas avoir de quoi s'en épater. Il rappelle surtout (je cite de mémoire) qu'il perche à 1 m 79, qu'il a chanté près de 6000 fois «Valentine», qu'il a tourné 28 films, que sa lippe sourit depuis 25 ans sur les murs de Paris, que sa photo paraît chaque jour dans les pages de spectacles, et qu'il est bien normal, n'est-ce pas, qu'une spectatrice le reconnaisse sur les Champs-Élysées.

Tellement normal qu'il s'avoue tout à fait estomaqué en entendant l'amie, la seconde, qui se retourne en disant sans émotion : « Chevalier ? Ah ? lequel des deux ? »...

J'aime beaucoup Chevalier dans sa surprise naïve d'enfant gâté... Quoi ? Une parisienne qui ne voit pas lequel des deux n'est l'autre ??? Passe à Tokyo ! Au Yémen ! En Laponie ! Mais sur le trottoir du Lido – mais oui, madame ! – faut vraiment le faire exprès !

Allant de soi, c'est clair, que **réussir**, pour le p'tit gars d'Ménilmontant qui a tout fait pour devenir le premier, c'est d'être reconnu – au moins sur les Champs-Élysées.

Bien des gens qui se croient modestes trouveront qu'il n'y a que des « artistes » pour éprouver de telles vanités... C'est faux, bien sûr. Ce qui est vrai est que les artistes, eux, en conviennent ! Mais tous les autres, si humbles se prétendent-ils, font tout ce qu'ils peuvent, eux aussi, pour être reconnus dans leur petit univers. Essayez donc de ne pas reconnaître votre coiffeur à l'entracte du théâtre – et vous verrez son air pincé à votre prochain shampooing.

Tous, nous ne vivons que pour être « reconnu » dans notre sphère, à notre échelon, à notre guichet, à notre établi, à notre bistrot – tiens ! qui n'a pas connu ce vide en entrant seul dans un café où personne ne vous sourit, ne vous salue, ne vous regarde, où personne ne vous reconnaît ! ?... Qui peut prétendre n'avoir jamais éprouvé cette solitude dérisoire, dans sa propre ville, cet abandon ridicule, à trois rue de votre maison, en un lieu où les autres se parlent, rient, s'embrassent, boivent, mangent entre eux, mais où pas un œil ne s'arrête sur le vôtre ?

Là, il ne s'agit plus d'être connu ou inconnu selon que vous vous appelez Léon Zitrone ou Eugène Dugommier. Plus important que le « Être ou ne pas être » de Shakespeare, je dis que la vraie question est : Être ou ne pas être reconnu... Car à quoi servirait d'être si nul ne sait **qui** vous êtes ?

D'ailleurs, ne pas reconnaître quelqu'un est une faute si grave que nous ne savons généralement pas comment nous en sortir, sinon en bafouillant précipitamment : « Oh ! mon Dieu quelle horreur excusez-moi je ne vous avais pas reconnu ! » – ce qui ne fait qu'aggraver votre cas. Et l'enfer de Dante est peu de chose en regard de l'enfer de Gilles qui, ayant passé la plus grande part de sa vie à chanter au cabaret, a distribué chaque soir une grosse de poignée de main dont les propriétaires, vingt ans plus tard et n'importe où, se souviennent comme si c'était hier et traverseraient la gare de Stockholm, s'il s'y trouvait, pour lui lancer cordialement : « Alors Gilles ? Vous me reconnaissez ? On s'est connu au « Coup de Soleil » !!!

Et nous voyons là entre l'artiste connu et le spectateur anonyme, le vaniteux n'est pas celui que croyaient nos gens modestes.

En fait, la difficulté vient de ce que l'on nous demande de reconnaître les individus en dehors de leur milieu naturel, alors que Maurice Chevalier à la ville, vu de dos en pardessus mi-saison et coiffé d'un feutre italien, n'avait pas du tout la même allure qu'en débarquant sur scène, le sourire grand ouvert sous son chapeau de travail.

Ainsi, je sonne soixante fois par an au guichet des cases postales, à toutes les heures et n'importe quel jour. J'y reconnais les dix ou douze titulaires qui s'y relaient de 5 heures du matin à 10 heures du soir. Et pourtant, il en est deux ou trois que je n'aurai pas entrevus vingt fois en dix ans... Mais que la figure d'un remplaçant s'encadre dans la fenêtre réservée à la remise des envois trop volumineux pour être enfilés dans mon box, et je sais au 100e de seconde que celui-ci n'est pas de l'équipe...

Instantanément, je reconnais que je ne l'ai pas reconnu – alors que je reconnais les douze autres !

Bon. Mais que l'un des douze me salue sur le trottoir de la même poste, hors de son guichet, de son cadre, de sa blouse, de sa fonction – bref ! sans son canotier ! – et me voilà paumé, comme Gilles à la consigne de Stockholm, à me demander à **qui** appartient cette tête que je ne sais plus **où** remettre ???

Eh ! oui, my dear Hamlet : Être ou ne pas être à son guichet – zat ise ze couèchtionne !

Roger Nordmann rappelait volontiers la première fois qu'il fut reconnu en tant qu'homme public... Nous avions lancé la « Chaîne du Bonheur » six mois plus tôt et le joyeux ramdam de l'émission nous valait de voir de temps en temps nos photos dans les journaux régionaux.

Fiancé à une jeune fille de bonne famille, comme on dit, Roger n'était pas mécontent de ce succès qui venait à point auréoler quelque peu ses débuts radiophoniques aux yeux pas encore très approbateurs des mamans et des papas respectifs.

Et voici qu'un soir, dans un restaurant de Saint-Aubin où il a emmené dîner sa belle, voici que les trompettes de la renommée vont consacrer sa popularité naissante. Dans la salle d'à côté où retentissent les flonflons du Bal de la gymnastique, quelqu'un l'a vu entrer dans l'établissement... et la rumeur parvient à la table du Comité d'honneur...

– Alors, cher monsieur, à propos d'honneur, voulez-vous nous faire celui de nous dire quelques mots?...C'est le président qui vient interrompre le souper des amoureux:– Il ne faut pas rompre la chaîne, mais on peut bien interrompre un rognon flambé, n'est-ce pas, surtout que les demoiselles de la Gym vont improviser une collecte en faveur de votre prochaine émission!

La fiancée rougit un peu, Roger s'envoie une rasade d'Oeil-de-Perdrix pour s'éclaircir la voix, le président se précipite vers l'orchestre, arrête la Comparsita, réclame le silence, fait évacuer la piste et demande un roulement de tambour tandis que toutes les lumières se rallument...

Et tandis que Roger traverse la salle en rajustant ses manchettes, le président clame dans le micro: «Mes chers amis, nous avons l'immense plaisir d'avoir parmi nous ce soir, incognito, le sympathique animateur de la Chaîne du Bonheur, vous l'avez tous reconnu, j'ai nommé... Jack Rollan»!

Tempête d'applaudissements.

Au bout de laquelle Nordmann ravala sou fou rire pour avouer qu'il était l'autre...

Ce qui lui valut une seconde tempête – la sienne!

– Tu vois, conclut Roger, ça prouve qu'à Saint-Aubin, personne ne t'aurait reconnu...

Il y avait moins de monde pour applaudir l'autre jour dans ce bar de la gare Cornavin où je m'arrête parfois en attendant l'heure de mon train, cinq minutes debout en parcourant le journal. Mais comment ne pas voir cette femme, à un mètre de moi, qui entame une tarte à l'orange? Pas jolie, mais assez belle, sans maquillage – comme j'aime. Son regard indifférent s'est posé sur le type qui arrivait... et un très léger sourire de surprise, vite réprimé, m'a renseigné...

Elle m'a reconnu!

C'est tout. Je ne demande pas qu'elle me saute au cou, ni même qu'elle me regarde une seconde fois (car vous pensez bien que c'est moi, maintenant, qui jette des regards indifférents pour voir si elle regarde!), mais quoi? depuis trente ans que je m'échine dans l'espoir de faire sourire les républicains, j'ai bien le droit, moi aussi, d'éprouver de temps en temps le plaisir d'être reconnu à mon guichet, non ?

Et ma voisine, je le sens bien malgré ses yeux baissés sur la tarte qui diminue, ma belle voisine comprend, j'en suis certain, tout ce qui se passe derrière le journal que je fais semblant de parcourir...

D'ailleurs, elle repose sa fourchette, repousse son assiette, finit son verre de thé, prend son sac pour partir, fait deux pas, s'arrête, se retourne, me demande, dans un vrai sourire :

– Excusez-moi : vous êtes bien monsieur André Marcel ?

Monsieur Prudence

En revoyant Roger l'autre soir à la télé, chantant la Gavotte vingt-cinq ans plus tôt, je me rappelais cette autre émission qu'il inventa sous le nom de « Monsieur Prudence », et dont le but était de lutter contre les mauvais conducteurs en récompensant les bons.

Ça se fait encore, mais sous d'autres noms car les radios excellent dans l'art de faire du neuf avec du vieux – ce qui évite les droits d'auteurs et permet de rompre la chaîne...

Donc, pas besoin de rappeler le thème. Gendarmes de la route et radio-reporters se mettent à l'affût du « parfait automobiliste », le suivent discrètement, le contrôlent en cachette, surveillent ses dépassements, notent ses réactions, et, dès que tous les tests sont bons, le coincent à l'entrée du prochain village à grands renforts de motards sifflet aux dents et sourire aux lèvres, – ce qui réclame un gros effort des intéressés.

Et si vous ne voyez pas pourquoi, essayez un peu de siffler en souriant...

Mais la meilleure émission de la série, celle que Nordmann nous racontait par-dessus le caquelon dans un fou rire qui ne simplifiait pas le rite de la fourchette, la « meilleure émission » fut celle qui ne passa jamais sur l'antenne – comme on ne disait pas encore à l'époque.

Or donc, ce jour-là, le « parfait automobiliste » ayant été repéré, Monsieur Prudence donna l'ordre à sa troupe (moitié radio – moitié gendarmes) de le prendre en filature. Sur dix kilomètres d'un parcours choisi pour ses nombreuses difficultés, le gaillard fut épié à la jumelle, au radar et au réflexomètre.

Rien, absolument rien ne pouvait lui être reproché.

Vitesse adaptée, freins en bon état, ralentissement aux carrefours, observations des signaux, signophile au bon moment, respect de la priorité, bref! tout concourait à faire de ce conducteur modèle le héros de l'émission du jour.

– Arrêtons-le! ordonna Monsieur Prudence on ne trouvera pas mieux aujourd'hui!

Il ne pensait pas si bien dire!...

De mémoire de gendarme, il y avait même belle lurette que l'on n'avait plus dressé une telle série de contraventions d'un seul coup...

Pour commencer, le «parfait automobiliste» était dépourvu de permis – pour la bonne raison, plutôt mauvaise, qu'il n'avait jamais passé l'examen de conduite.

Ensuite de quoi, il roulait dans la voiture de son beau-frère sans sa permission.

Et comme le beau-frère avait rendu ses plaques pour l'hiver, le «parfait automobiliste» les avait remplacées par celle de la moto de son ami Ernest – profitant de ce que celui-ci était au service militaire.

C'est bien simple: les trois gendarmes ne parvenaient pas à verbaliser à mesure!... Quant à Monsieur Prudence, le souffle coupé, il s'était arrêté peu après «mes chers zauditeurs, nous venons de rattraper le conducteur de la semaine...»

On demanda quand même au mauvais plaisant comment – après avoir commis tant d'infractions et de délits – il expliquait sa conduite exemplaire sur la route... La réponse fut historique: – J'avais peur de me faire remarquer...

L'imbécile ne savait pas que c'est en roulant à 120 dans les passages notés 80 que l'on passe inaperçu! Que c'est en prenant ses virages à gauche que l'on reste anonyme! Que c'est en dépassant dans les virages sans visibilité que l'on ne se fait pas remarquer! Que c'est en brûlant les «stop», en coupant la route aux prioritaires et en fauchant les cyclistes que l'on n'attire pas l'attention des gendarmes!

On fourra précipitamment ce dangereux idiot au violon – et l'on repartit en chasse. Il s'agissait de rattraper le temps perdu et de trouver vivement le vrai parfait automobiliste indispensable à l'émission...

On en suivit une dizaine, on en fila douze, on en interrogea quinze, on en repéra vingt, on en essaya cinquante... – Eh bien ! disait Roger en repêchant son pain, vous me croirez si vous voulez, on n'en a pas trouvé un aussi « parfait » que celui qu'on avait foutu en tôle !

– Alors, dis-je, il fallait le ressortir de prison, le temps de faire l'émission. C'était simple !

Roger rit, fit le coup du milieu, redevint sérieux et constata :
– Et dire que, de nous deux, c'est lui le catholique !...

Lettre à Rachel

Or donc, Madame – ou plutôt Mademoiselle puisque vous ne l'épouserez religieusement qu'en septembre ! –, vous avez scandalisé tout le pays en embrassant François à un feu rouge jusqu'à ce qu'il devienne vert.

Circonstance aggravante : il était midi et demi.

Donc en plein jour !!!

Et quasiment en pleine ville. Et quelle ville, Seigneur : SION – bastion du catholicisme pur et dur où, de tout temps, les bonnes mœurs ont été protégées par les Autorités qui vont jusqu'à lire les pièces de théâtre avant d'en autoriser les représentations. C'est ainsi que Michel Simon y fut refusé parce qu'il voulait jouer un rôle de cocu – enfer et damnation ! Moi-même, jadis, j'eus l'honneur – avant Léo Ferré, cette autre créature du péché – d'être dénoncé en chaire avant de planter sur la Planta le chapiteau de mon historique sacrilège !

C'est dire, malheureuse Rachel, qu'un baiser quasiment public (car une voiture a des vitres !) tombe ipso facto sous le coup de la valaisanne loi sur les outrages à la pudeur et toutes les cochonneries qu'on a le droit de faire à la maison en fermant les fenêtres et sans oublier de s'en confesser le samedi d'après afin de pouvoir communier le dimanche.

Ce qui, d'ailleurs, m'a toujours plongé dans cette question à mille francs : comment peut-on communier le dimanche matin si l'on fait l'amour le samedi soir APRÈS s'être confessé ???

Valaisan célèbre et journaliste polyvalent, Pascal Thurre m'a dit qu'on ne faisait pas l'amour le samedi soir, les Valaisannes repoussant les maris.

Ce qui expliquerait dès lors que les maris marris aillent traditionnellement se cuiter jusqu'à point d'heure dans les caves des copains, la cirrhose n'étant pas condamnée par l'Eglise et vivement encouragée par l'Etat soucieux d'assurer l'écoulement des surplus que l'on connaît.

Et vous, Rachel, non seulement vous ne vous êtes ni confessée ni repentie de ce baiser scandaleux, mais vous l'avez reconstitué pour en faire une photo que nos journaux se sont empressés de reproduire pour en augmenter leur tirage.

Mais avez-vous songé un instant, mon enfant, que vous compromettiez ainsi la victime de vos débordements, jusqu'alors honorablement connue sur la place et même plus loin, puisque tout le monde sait maintenant qu'il s'agit de l'ex-excellent footballeur François Rey ?...

Certes, dans un proche passé, lui-même aura-t-il fréquemment offensé les bonnes mœurs en s'exhibant en petite culotte sur tous les terrains d'Europe.

Mais on sait aussi qu'il s'est courageusement racheté, depuis deux ans, et qu'on ne le voit plus qu'en pantalon long et cravaté derrière un ordinateur.

C'est donc vous, Rachel, qui devriez payer les 100 francs d'amende qu'un agent bien inspiré de la force publique outragée a infligée à tort au conducteur de la voiture et de votre vie !

Car que pouvait faire ce malheureux, les mains rivées à son volant, le pied sur le frein et les yeux fixés sur le feu rouge en attendant qu'il passe au vert ?...

Aucun homme, dans de telles conditions, ne peut repousser les assauts lubriques d'une nymphomane en délire. Il ne pense – et c'est son DEVOIR ! – qu'à débrayer dans un instant pour passer la première en lâchant la pédale du milieu pour presser celle de droite en relevant son pied gauche !

Il fallait que ces choses-là fussent dites et mon devoir à moi, témoin catholique des mœurs de ce temps, était de les dire – afin que ce scandale ne se reproduise plus chez nous !

Comme l'a fort bien décrit le procès-verbal du vigilant policier, le baiser dans une voiture constitue une **occupation incompatible avec la conduite d'une automobile**.

Bien sûr, la pécheresse n'a pas manqué d'ajouter que la voiture, étant arrêtée, n'était donc pas conduite... Mais qui parlera de la conduite de cette vamp qui se vante de son inconduite – offensant par là-même le nom de la Rachel biblique dont Jacob mit 14 ans à attendre le feu vert pour avoir le droit de l'embrasser...

Mais inutile de dire que François Rey n'avait pas de bible dans sa boîte à gants !

Laissez-les vivre !

Or donc, à part celui que vous êtes en train de lire, il n'est plus possible d'ouvrir un journal sans tomber sur le tragique récit d'un nouvel assassinat d'une femme par un mari qui s'est ensuite donné la mort.

Véritable épidémie, cette façon de divorcer sans frais me laisse songeur...

Certes, ce genre de drame n'est pas nouveau et le répertoire, romanesque, théâtral et lyrique, est plein de ces couples mythiques dont la tragédie sanglante fait le ravissement du client – lecteur ou spectateur en larmes.

Mais encore s'agit-il là de fictions et – surtout ! – d'exceptions qui nous rendent acceptable ce postulat – précisément exceptionnel. Personne n'irait voir, ni lire, trois fois par semaine la même histoire d'un Othello qui se pendrait comme Werther après avoir poignardé Ophélie...

D'ailleurs, dans le journal du jour, un drame conjugal par-ci, par-là, sera toujours le bienvenu – pas vrai ?... – Heu... dis donc Alfred, t'as vu ?...Y a un charcutier de Biberist qu'a tué sa femme avec son couteau à cochon, pis s'est pendu dans son laboratoire au milieu de ses saucissons... Tu crois qu'on les vendra quand même, toi ?

— Bien sûr ! Y a toujours des collectionneurs.

— Quelle horreur ! En tout cas, moi, dis donc, j'en achète plus pendant un mois !...

Donc, de temps en temps, d'accord, je ne prétends pas que ce soit amusant mais ça change de la politique qu'on y comprend rien et du football qu'ils jouent tous comme des amateurs dès qu'ils sont professionnels !

Mais trois fois par semaine, plus une fois le dimanche, ça devient lassant pour le lecteur – et il serait temps que messieurs les éditeurs de quotidiens nous changeassent leur pain du même nom.

Et puis, entre nous, n'est-il pas très indiscret d'étaler publiquement les détails d'une dispute conjugale qui a mal tourné?... Ami lecteur, ne vous est-il jamais arrivé une envie, longue ou subite, d'assommer une femme assommante? N'avez-vous jamais éprouvé la fureur d'étrangler une furie furax? Ou de flinguer, à bout de nerfs, une énervée énervante???

Moi oui. Et si je n'ai jamais passé à l'acte, c'était selon les cas pour ne pas faire honte à ma maman, ou pour respecter ma promesse de boy-scout, mais le plus souvent parce que je ne disposais pas d'arme à proximité et que je suis trop bien élevé pour faire ça à la main. Alors le temps de descendre à la cave (déjà qu'il faut trouver la clé!) pour chercher mon fusil militaire, de retrouver les munitions dans un vieux carton de bordeaux St-Estèphe, vous savez ce que c'est: la colère vous a considérablement évaporé l'adrénaline lorsque vous redébarquerez au salon avec votre arquebuse à la main, tout bête devant la future victime qui a tout oublié et qui pose son journal pour vous lancer, tout étonnée: –Tu ne m'avais pas dit que tu avais une inspection!...

Hélas! dans les drames qui encombrent nos journaux (30 morts depuis le début de l'année!), les maris avaient à chaque fois ce qu'il fallait sous la main pour accomplir leur funeste inspiration d'un éclair fou, ou leur long projet d'un espoir criminel.

Et c'est la répétition tri-hebdomadaire de ces drames conju ou extra-conjugaux qui finit par créer, pour les lecteurs que nous sommes, une fâcheuse monotonie dans les informations du jour.

Un détail – répétitif – cependant m'étonne...

J'ai dit plus haut que je comprenais (à la rigueur!) que l'on assassine une femme qu'on ne supporte plus – tellement vous en a-t-elle fait voir.

Bon.

Je ne dis pas que j'approuve; je ne dis pas que j'admets: je dis que je comprends.

Mais, alors, ce que je ne comprends plus du tout, c'est que tous ces bonshommes qui se débarrassent de leur bonne femme n'aient rien de mieux à faire que de **se tuer eux-même** immédiatement après???!!!...

A quoi sert dès lors – qu'on me le dise! – de tuer sa femme... si c'est pour ne pas en profiter ensuite??????????

Jack Rollan

Les effets secondaires...

Or donc, je n'ai jamais caché l'état capricieux de ma santé en « montagnes russes ». Illustration vivante de la joyeuse complainte du comique troupier 1900, j'ai le pylore qui m'dévore, j'ai la rate qui s'dilate, le coccyx qui s'dévisse, l'estomac bien trop bas, etc. – air connu bien avant les paroles de Johnny Hallyday.

Cet état de santé précaire (qui m'empêche depuis plusieurs années de reprendre du dessert avant l'irish-coffee) m'oblige, on s'en doute, à confier à autant de spécialistes FMH mes divers organes, viscères, tuyaux, ossements, abats et accessoires variés composant mon tout.

Et chacun de ces praticiens prescrivant à tour de rôle le comprimé qui calme, la pilule qui stimule, la poudre qui renforce, la pommade qui désinfecte, la gélule qui ranime, le suppositoire qui endort, la lotion qui protège ou la dragée qui rassure, je dispose en permanence d'une pharmacopée à la hauteur de mes infirmités, à quoi s'ajoute un grand tiers (disait Raimu) de tubes, flacons, sachets, gouttes, pastilles, huiles essentielles, extraits, toniques, sprays, oligos et patches que je m'automédicationnise au gré de mes lectures dans les revues que les médecins laissent innocemment traîner dans leur salle d'attente, le total des médicaments prescrits plus les adjuvants personnels constituent finalement une provision réjouissante aux yeux du pharmacien du coin et une source d'hilarité pour les visiteurs (ignares!) qui tombent par hasard ou curiosité sur l'ex-panière de Pompon contenant la collection presque complète des œuvres de Ciba, Geigy, Bayer, Astra, Pharma, Roche et Novartis.

On le sait, chaque emballage pharmaceutique contient une notice, en plusieurs langues, destinée à renseigner le patient sur les bienfaits du comprimé à dissoudre, ou de la dragée à avaler, ou du suppositoire à discréditer.

Mais la plupart des malades, aveuglément confiants en leur médecin, vous avalent n'importe quoi sans lire la notice. Le docteur a dit – un point c'est tout dis donc et hop! avec un demi-verre d'eau deux fois par jour avant les repas.

Excellent appoint pour les quotidiens qui réservent chaque jour ouvrable deux voire trois pages aux faire-part mortuaires de ces gens qui, justement, n'ont pas lu la notice avant d'avaler...

Moi, je suis de ceux qui lisent les notices... Et je m'étonne fréquemment – pour ne pas dire après chaque prescription ! – des dangers que me font courir tous ces diplômés FMH que je charge pourtant de me maintenir en vie...

Car, dis donc, que lis-je ?...Pour ce «Dilatrend» qui doit réguler ma tension artérielle, je risque vertiges, maux de tête, fatigue, froid aux pieds (!), nez bouché, troubles du sommeil, irritation des yeux, symptômes de grippe et impuissance...

N'est-ce pas beaucoup pour un homme de ma génération de devoir subir tous ces imprévus prévisibles – en plus de son âge ! – à seule fin d'améliorer une tension artérielle qui ne lui a jamais causé autant d'emmerdements ?...

La question est posée.

Autre exemple, le «Dancor» destiné à me soutenir le myocarde me propose en prime d'éventuelles céphalées, des nausées, des vomissements, des vertiges (2e version), de la faiblesse, des rougeurs, des douleurs musculaires et diverses irritations cutanées (pour les lecteurs alémaniques, ça veut pas dire comme ça se prononce).

Pourtant, soucieux de me bien porter, je prends, toujours sur ordonnance, du «Torem» qui ne me menace que de crampes, de diarrhée ou de constipation (au choix ?), troubles de la vue, démangeaisons et manque d'appétit – ce qui devrait logiquement m'épargner au moins la «courante» – non ?

Quant à l'«Antra» que je consomme pour le bonheur de mon duodénum, il ne m'apportera – mais c'est pas sûr, tu vois ? – que des ballonnements, de l'urticaire, la chute des cheveux (!) et (attachez vos ceintures de chasteté !) une augmentation de la glande mammaire **chez l'homme** – voui !...

Bien entendu – et je ne vide pas la panière ! – à chacune de ces découvertes, j'empoigne le téléf pour alerter le toubib responsable de cette médication incompatible avec les Droits de l'Homme :

— Ecoutez docteur, à mon âge, je dors déjà mal tout seul ; j'ai perdu les 3/4 de mes cheveux ; ça me démangeait partout avant de vous rencontrer ; et vous pouvez bien imaginer que j'ai du retard dans l'agenda de mes rendez-vous galants... Alors est-il vraiment nécessaire de compromettre ma libido en pré retraite en me foutant la diarrhée au moment où je tente, entre un vertige et une nausée, de me glisser dans les bras d'une dame qui n'a pas encore remarqué que j'ai froid aux pieds, des rougeurs partout et des seins plus gros que les siens... Alors dites, docteur ! est-ce que vraiment je ne pourrais pas prendre tout simplement un peu de bicarbonate ???...

...Et c'est là que le médecin – **tous les médecins !** vous répondent (et ils feraient tout aussi bien d'enregistrer ça sur leur télécom !): – Non non non ! Ne vous occupez pas de ça, monsieur Rollan !...Cela fait partie des précautions que les fabricants doivent annoncer pour se mettre à l'abri des procès que tentent parfois des malades, surtout en Amérique, pour leur soutirer des millions de dollars...

— Oui mais docteur...

— D'ailleurs, je vous ai déjà dit de ne **jamais** lire le mode d'emploi !

— Mais pourquoi ?

— Parce que ça peut vous inspirer des vertiges, des nausées, des crampes, des rougeurs, de l'impuissance, et pour les cheveux, je vous donnerai un conseil quand vous viendrez...

— Pour ceux qui me restent ???

— Non pour les autres.

La vierge feinte

Hors donc de toute relation sexuelle, une Anglaise de 23 ans a décidé d'avoir un enfant – tout en conservant sa virginité...

L'affaire a provoqué pas mal de grabuge dans les médias comme dans le britisch clergé, sans qu'on nous précise les raisons de ce curieux choix de procréation – tout à fait inédite, n'est-il pas ?

On connaissait des cas de femmes qui, pour avoir l'illusion d'être mère, ont été jusqu'à voler un bébé dans un landau mal surveillé, ou même à kidnapper un nouveau-né dans un dortoir de maternité.

On connaît aussi des «mères célibataires» (surtout depuis mai 1968!) qui veulent «assumer-leur-condition-féminine-au-niveau-de-la maternité» mais sans devoir s'encombrer du géniteur après l'indispensable corvée de l'intromission fécondatoire.

C'est ce qu'elles appellent, entre misandrines : voir les talons de l'étalon.

Pour moi, celles-là n'ont pas totalement tort, et je comprends qu'une femme puisse désirer un enfant sans avoir à supporter le père au-delà d'une soirée.

Nous avons l'inoubliable exemple d'Isadora Duncan, la superbe danseuse américaine qui proposa ce marché au non moins illustre Tristan Bernard, célèbre par son esprit – et la barbouse qui n'en faisait pas précisément un séducteur irrésistible...

— Maître! (lui dit la star) faites-moi un enfant... Il aura ainsi ma beauté et vous lui donnerez votre esprit!

— Malheureuse! (répondit l'auteur) avez-vous imaginé que c'est le contraire qui pourrait arriver???

La belle encaissa sportivement la leçon et se choisit sans tarder un Sud-Américain beau comme un dieu qui lui fit deux enfants beaux comme des archanges.

Donc, j'admets sans réserve, mais sans l'approuver (ce qui témoigne, dis donc, de la remarquable objectivité du mec) qu'une candidate à la maternité n'ait pas envie de partager le reste de sa vie avec un type qui n'a pas l'esprit de Tristan Bernard ni la beauté argentine de son remplaçant. Car il est bien connu qu'un homme, ça boit, ça fume, ça jure, ça crache, ça ronfle, ça pète au lit, ça rentre à pas d'heure, ça s'essuie pas les pieds avant d'entrer, ça rince pas le lavabo après sa barbe, ça trouve tout trop cher pour le ménage mais jamais de trop pour sa bagnole, sans parler de sa croisière à Bangkok avec les copains qu'il raconte que c'était payé par la cagnotte du curling – tu parles Charles!...

Voilà, à peu près, ce qu'a dû se dire (en anglais, mais je vous laisse traduire) la vierge enceinte de Birmingham avant de renoncer à l'acte charnel d'avant tout en prétendant en récolter le fruit d'après.

Bien entendu, les angliches gazettes ont poussé des « Shocking! » sur trois colonnes à la Une pour condamner ce procédé very tout à fait pas du tout naturel, my goodness!

À vrai dire, moi, je me tâte...

Avant de donner mon avis, j'aurais aimé en discuter avec mon gynécologue, mais il est en train de participer à un séminaire en faveur de l'avortement chez les homosexuelles – ce qui n'éclaircit pas la situation.

De toute façon, l'artisan que je suis préférera toujours le geste auguste du semeur. Et cette vierge qui veut faire un enfant sans se faire faire un enfant (vous suivez?) me fait penser à un sourd qui s'achèterait un poste de télévision : il verra l'orchestre, mais il n'aura pas la musique !

Et le comble de l'histoire est que la donzelle est allée choisir son éprouvette dans le congélateur de la banque spermanente. Car elle le veut masculin, blond, frisé sur la nuque, avec des yeux noisette et le teint ivoire de Chine.

Détail amusant, à part les yeux, c'était mon portrait tout craché quand je suis venu au monde. La comparaison s'arrête là, bien sûr, car je fus conçu de manière parfaitement « classique » – ce qui était tout naturel de la part d'un père 1er prix de violoncelle.

Pour l'heure, ayant passé les vacances du BiBi en clinique, je pars en croisière sur la Saône à bord d'une péniche où j'aurai tout loisir de réfléchir sur l'opportunité de l'insémination artificielle de cette miss qui veut garder sa virginité sans penser qu'elle va de toute façon la perdre à l'envers du bon sens – et sans goûter, au passage, à l'agrément de la perdre à l'endroit...

André Marcel...

« Or donc, le jour où vous écrirez ma nécrologie, tâchez de rester drôle ! »...

Il m'avait dit ça un jour ou l'autre, dans ce sourire malicieusement asiatique, voire asiatiquement malicieux, dont il assortissait ce regard bridé d'ironie qui lui donnait, sous cette calvitie quasi monacale, un faux air de bonze qui aurait rencontré le Bouddha dans une vie antérieure, mais qui aurait promis de ne pas s'en vanter.

– Dis donc, faudrait quand même pas me traiter de vieux bonze pour amuser la galerie !

...dirait-il s'il lisait par-dessus mon épaule.

Cher André, à 90 berges et quelques balais, il faut se faire une raison !

Mais restons bonzes amis et, comme pour le grand Calvados « hors d'âge », ne précisons pas l'année, – ce qui pourrait en outre faire du tort à ma propre coquetterie, vu que je suis le plus ancien de vos amis survivants...

Il est vrai, aussi, qu'à voir votre chapeau posé de travers une fois pour toutes, on peut comprendre que vous ne teniez pas tellement à ce titre de doyen des chroniqueurs romands.

Mais le motif était-il suffisant pour quitter ce monde ?

D'ailleurs, on a l'âge de ses articles.

Et les vôtres n'en avaient pas.

Billettiste léger, vous disiez des choses sérieuses avec des mots qui ne l'étaient pas.

Et vice versa.

Par petites phrases – et beaucoup d'à la ligne.

Pour faire court.

Comme ça.

Tout un art que vous avez déployé quasiment dans toutes les gazettes welches – battant mon propre record dans la dispersion...

Mais vous, c'est parce qu'on vous demandait, dis donc !

On vous demandait, là pour démêler les discours du Grand Conseil, ici pour tenir la critique théâtrale, ailleurs pour défendre les petits délinquants et les grandes menteuses dans la chronique judiciaire dont vous profitâtes maintes fois pour juger les jugements – exercice pénalement défendu dans lequel vous excelliez en brillant hors-la-loi !

À vrai dire, vous excellâtes dans tout ce que vous touchâtes – et ce n'est pas ma faute si je dois vous le dire au passé défini. Mais je n'irai pas jusqu'à insinuer que c'est la vôtre, soucieux d'éviter une nouvelle dispute.

Car nous en eûmes déjà une bonne demi-douzaine de notre vivant, au reste sans jamais parvenir à nous brouiller.

Même la fois où j'étais allé volontairement « trop loin » dans l'évidente intention de vous froisser. Vous m'aviez alors retourné mon épigramme en me disant : « Je vous renvoie votre lettre pour vous épargner d'en avoir honte un jour. »

Mouché, j'en ai eu honte tout de suite – grâce à quoi je ne sais même plus de quoi il était alors question.

Encore merci !

Et puisque j'en suis aux remerciements, permettez-moi de vous dire très partiellement tout l'agrément que j'ai éprouvé à vous fréquenter provisoirement ici-bas. Si l'expression n'était pas si fâcheusement galvaudée, je dirais que vous étiez un ami bien sous tous les rapports. Je ne citerai que nos fameux soupers mensuels, avec Gilles et les autres, qui resteront d'inoubliables soirs d'amitié et de bonheur.

Le vôtre, cependant, ne paraissait pas complet ; deux ou trois fois par repas, vous quittiez discrètement la table pour ce que nous prenions pour des problèmes urologiques... Jusqu'au jour où, me rendant moi-même au petit coin, je vous surpris en plein téléphone amoureux !

Marié depuis 30 ans, vous ne pouviez pas vous séparer de votre Betty – même une fois par mois !!!

Je m'étais toujours juré d'en faire un *Bonjour...*

Pas méchant.

Juste taquin.

Avec quand même un peu d'envie, dis donc, car aucune femme ne m'a jamais demandé de lui téléphoner trois fois par soir au bout de 30 ans !

Et puis, vous savez ce que c'est, il y a les élections françaises, les voyages du pape, les nouveaux tarifs postaux, un discours de Blocher, la vache folle et les mille conneries quotidiennes dont les humoristes que nous sommes doivent tirer si possible de quoi faire sourire les braves gens.

Les autres aussi, d'ailleurs, car ce n'est pas à nous de choisir.

Mais là où vous venez d'accrocher votre chapeau, je crois savoir que le choix est fait...

Rien que des gens bien.

Dans votre genre.

Je n'irai pas jusqu'à dire que je me réjouis de vous y retrouver, mais je l'espère !

Même que je compte sur vous (des fois, dis donc, que je ne serais pas sur la liste !) pour glisser un mot au Bouddha...

Fax lux !

Or donc, les juifs qui n'ont pas le temps de se rendre au Mur des Lamentations pourront désormais faxer leurs prières.

Depuis la semaine dernière, la compagnie « Bezek », installée à côté du saint monument, est équipée pour recevoir les messages des fidèles et les glisser, selon l'usage, dans les interstices de la muraille.

On sait en effet que l'usure des siècles, ajoutée à la destruction du Temple par les Romains, a mis l'illustre vestige hébraïque dans un certain délabrement. Et, comme disait Robert Lamoureux à propos du Colisée, c'est même pas bâché... D'où ces milliers de fissures dont les fidèles se servent de boîtes à lettres pour transmettre leur courrier au Créateur, – un peu comme les catholiques placent des ex-voto dans leurs églises.

Mais ne pouvaient le faire jusqu'ici que les habitants de Jérusalem ou les pèlerins venus en Terre sainte – ce qui ne représente qu'une part minime des juifs répartis sur le globe. Aussi l'idée d'installer un fax sur place vient-elle fort à propos pour répondre aux besoins de la vaste diaspora.

Mais on sait que les catholiques se sont toujours inspiré des juifs... En commençant par adapter leur bible et adopter leur Dieu. Ils n'allaient donc pas rester longtemps en arrière de cette nouveauté et l'on annonce déjà, pour la prochaine Foire des articles religieux de Vicence (Vénitie), le fax-confessionnel qui permet de se repentir à distance... – Mon père, bénissez-moi parce que j'ai faxé !

Comme disent les journalistes qui ont du style : On n'arrête pas le progrès !

Nos PTT vont-ils s'y adapter ?... Après avoir installé dans toutes nos villes des bordels par téléphones, pourquoi ne pas ouvrir une ligne 157 sur laquelle les abonnés pourraient demander pardon de ce qu'ils viennent de faire sur le 156 ??? Bien que non spécifiée dans les Commandements, la luxure téléphonique doit certainement tourmenter plus d'un pécheur !

En outre, téléphone ou pas téléphone, l'onanisme est l'un des péchés les plus gênants à avouer – même à voix basse... Je fus moi-même éloigné de l'Eglise, à l'âge où les jeunes garçons se touchent la ziquette, par un confesseur qui me promettait l'Enfer si je persévérais dans ces honteuses pratiques. Sans cet imbécile, j'aurais peut-être fait un meilleur prêtre que lui car j'avais alors une foi mystique aussi vive que mes penchants rousseauistes...

D'ailleurs, ceux qui me lisent régulièrement ne sont pas sans avoir remarqué que mes «Bonjour», souvent, ne sont pas loin du sermon... Comme il est dit quelque part que les voies du Seigneur sont impénétrables, qui sait si je n'ai pas été choisi pour dire à ma façon ce qu'Il a dit à Sa manière ?...

La question ne sera pas posée (restons modeste) mais le nouveau confaxionnel – inspiré du Mur des Lamenfaxions – est appelé, semble-t-il, à soulager bien des âmes en peine.

Et mon sermon d'aujourd'hui, mes bien chers frères et sœurs, se terminera par : Payez et faxez, car vous ne connaissez ni le Bonjour ni l'heure...

En vous signalant toutefois que c'est meilleur marché le dimanche soir.

Maintenant, entre nous, et hors sacerdoce, je vous rappelle – quelle que soit votre religion – qu'une très ancienne manière (d'ailleurs la plus commode et la plus directe) de demander pardon à Dieu s'appelle la prière... Et c'est gratuit !

Amen.

Le petit garçon qui court devant moi...

Dans une allée du parc où je suis venu m'essouffler pour maintenir ma ligne, le petit garçon qui court devant moi ne sait pas que je courais déjà comme lui à la même heure, sur le même chemin qui conduit à la même école...

J'avais son âge et, déjà, j'étais en retard tous les matins...

Pourquoi l'Autorité nous a-t-elle fait un tel péché d'être en retard ?...

Des millions de gens sont ponctuels – et ne sont que cela... On peut compter sur eux à l'heure fixée. Et après ? Eh ! bien, après, ils ne sont plus rien... Ils sont à l'heure ; c'est leur fonction, leur idéal, leur moyen de vivre. On peut traverser l'existence, on peut faire illusion sur tout le monde, on peut véritablement faire toute une carrière en arrivant tout simplement toujours à l'heure en toute circonstance...

C'est monstrueusement injuste et formidablement imbécile, en un mot : c'est du racisme.

Le petit garçon qui court devant moi ne sait pas encore que les gens ponctuels le mettront à l'écart... Et s'essoufflant sur le chemin où je m'essoufflais comme lui avant de revenir m'y essouffler comme moi, il court vers la réprimande, il galope vers l'affront, il fonce vers l'arène aux gradins remplis de ponctuels où l'attend l'estocade du torérorloger... Et même s'il arrive à temps, mais « en nage », on va lui dire : « ...Jack... si tu étais parti à l'heure, tu n'arriverais pas si essoufflé... »

Et c'est pour éviter cela que le petit garçon court devant moi... Et moi qui cours derrière lui sans n'avoir plus peur de personne, sinon Dieu, j'ai envie d'allonger la foulée pour le rattraper, pour l'arrêter, pour lui dire ne cours pas, ne cours plus jamais – sauf pour un train qui n'attend pas.

Ou pour une femme qui t'attend...

Mais je n'ai pas le courage de remettre cet enfant dans le mauvais chemin de la liberté... Et qui sait si l'on ne va pas me poursuivre pour corruption d'écolier?...Des deux crimes, entre l'outrage aux mœurs et l'outrage aux heures, je les sais capables, nos sourciers recherchant la Vertu, de fausser le pendule pour désigner l'horloge...

Alors adieu, petit garçon... Cours pour être à l'heure – cours pour être estimé à ta juste va l'heure – cours pour manger à ta faim à l'heure de la soupe...

Mais moi qui cours derrière toi pour effacer les effets de cette soupe, je te souhaite d'être en retard – partout et toujours dans ce pays de marchands de montres où ton bonheur dépendra de ta ponctualité et non de ton ouvrage, de ton chrono et non de ton cœur...

Cours, petit garçon! Essouffle-toi devant mes cinquante-cinq berges qui s'essoufflent derrière la jeunesse que tu vas perdre à ne pas m'écouter – moi qui te crie: Cours... mais dans l'autre sens!...

Prends tes jambes à ton cou! Fous le camp! Cours de toutes tes forces loin des ponctuels qui vont te mettre les aiguilles dans les cadrans... Cours toute ta vie derrière ton rêve – si tu as la chance d'en avoir un... Sois en retard sur les gens qui se croient respectables parce qu'ils respectent l'horaire! Sois en retard sur ceux qui te jugeront en retard! Sois en retard chaque fois qu'on voudra t'obliger d'être à l'heure! Cours à l'envers – il y a moins de monde! Cours ta vie – la vie est courte...

Et reviens courir, dans quarante-cinq ans, pauvre mais libre, dans le parc de ton enfance – sans avoir peur de personne...

Sauf de Dieu, qui t'attend (peut-être) au bout de l'allée, à l'heure des Justes – qui ont bien couru...

Les fonds suifs...

Or donc, tout le monde et n'importe qui ayant chez nous (dieux merci!) le droit de dire n'importe quoi sur la question, je me permets de m'en mêler (les pinceaux) pour éclaircir le débat.

En précisant d'emblée que mon père était violoncelliste et que son père à lui était critique musical. Côté maternel, l'autre grand-père était horloger à Morat, je puis affirmer en vous regardant dans les yeux qu'il n'y avait pas de banquier dans la famille où personne n'a jamais transféré de l'or nazi ni ouvert un compte bancaire à un refoulé juif.

Rien que d'honnêtes gens, tu vois, jusqu'à moi, je l'avoue, qui ai toujours vécu de trafic de mots, d'emprunts de citations, de détournements de rimeur et de fraude grammaticale, – mais allant sans dire que ça n'a fait tort à personne!

Ce qui me permet de dire à ce monsieur D'Amato qu'il ne faut pas mettre tous les Suisses dans le même panier. Il y a des salauds partout, même aux USA où des gangsters notoires ont accédé aux plus honorifiques fonctions en se servant de la Mafia. Le clan Kennedy est historiquement le plus sympathique fleuron de ce système.

Nous, c'est les banques. Chacun son truc, dis donc, et les vaches folles seront bien gardées!

Mais l'ennui actuel est bien évidemment qu'il est difficile de répliquer lorsqu'on sait qu'on a tort, – d'où le pataugeage de nos banquiers qui ont commencé par dire c'est tout faux, puis on sait pas, puis faudra voir, puis de toute façon y a pas grand-chose, avant que l'un des concernés cernés ne déclare sans rougir que si l'on trouvait par hasard quelque chose, ça ne pourrait être «que des cacahuètes»...

Or, il est bien connu que les cacahuètes nous restent entre les dents et qu'on n'a pas fini de crachouiller des droits de réponse et de postillonner des mises au point qui ne convaincront personne...

Et la courageuse intervention du courageux Delamuraz ne change rien au fond de l'affaire.

J'aime bien Delamuraz qui défend son pays, et je n'aime pas ce D'Amato qui veut salir la Suisse. Mais je n'aime pas non plus la Suisse qui met des « J » dans les passemorts et des «X» sur les comptes bancals.

Personne n'est responsable du passé de sa famille.

Mais quand on découvre que son père a dévalisé un fuyard disparu, la moindre des élégances commanderait d'en convenir et de rembourser cette part d'héritage scandaleuse.

Cela dit pour ceux qui ont hérité des cacahuètes.

Moi, mon père était violoncelliste.

Allez, allez, Alain !

Or delonc, j'ai lu quelque part que vous désiriez vous helvétisiquer notamment pour que votre fils soit Suisse.

Et je vous comprends, allez, Alain ! Moi, quand j'ai eu mon fils, j'aurais bien fait comme vous si je n'avais eu la chance d'être né d'un grand-père qui avait déjà fait comme vous.

Mais lui – nuance ! – c'était pour fuir les sanglants fusillages de « ce bon monsieur Thiers » lors de La Commune (1871) alors que ce serait les coups de fusil du tiers provisionnel qui vous auraient poussé à choisir Genève comme asile fiscalitique.

Quelle que soit votre motivation profonde, je m'apprêtais depuis quelque temps déjà à vous souhaiter la bienvenue chez nous. Entre artistes, dis donc, on se doit bien ça – et ce n'est pas parce que vous avez été l'amant d'une douzaine de femmes qui ont refusé mes avances que j'allais m'offrir la mesquine vengeance de vous snober de mon silence rancunier.

D'ailleurs, on ne se doit rien sur ce plan-là vu qu'aucune de mes amoureuses à moi n'a jamais parlé de vous avec soupir dans la voix ou nostalgie dans les yeux...

En revanche, dis donc, je savais que la plupart d'entre elles m'auraient certainement plaqué sans trop d'hésitations pour une croisière avec Gary Cooper, ou trompé lors d'un week-end avec Humphrey Bogart, voire carrément abandonné pour un soir avec Sinatra ; mais alors là macache, des clous, nib de nib et que dalle pour Delon, – votre ténébreuse concurrence n'a jamais perturbé mes idylles !

Pour être tout à fait sincère (entre bons Suisses !), c'est aussi une question de génération...Car en remontant très haut dans mes premières amours, y avait aussi Douglas Fairbanks, le grand-papa des Zorro, tu vois ?

Mais j'en étais à la bienvenue que j'allais vous préparer dans ce journal qui – pour être régional – n'en est pas moins aussi universel qu'un autre puisqu'on y trouve autant de salons de massages que dans «La Tribune de Genève», avec cet avantage que les massages de Bienne (où mon *Bonjour* est publié) sont bilingues, – ce que vous ne trouverez guère dans la Cité de Calvin !

Enfin, bon bref, vous avez choisi Genève et l'on ne va pas revenir en arrière – d'autant moins que vous auriez pu tomber plus mal, mon cher, dans le canton de Lucerne, par exemple, où ce sont les citoyens qui acceptent ou refusent – par vote – la naturalisation des candidats !

Même que, depuis dimanche, le pays est tout rebouillé (c'est du français suisse, ça veut dire qu'il y a du chenabre dans nos carnotzets, – faudra vous y mettre, mon vieux : suffit pas de payer pour être subito Suisse !), donc l'émotion est véritablement nationale depuis que les électeurs de la commune d'Emmen ont accepté de suissiser 8 Italiens et, en même temps, refusé 47 balkaniques...

Alors vous, dis donc, avec tout ce qui se raconte à votre sujet depuis vos amis Guerini, gangsters avérés que nous ne reniez pas (bravo ?), jusqu'aux arrêtés de ce tribunal qui expliquait pourquoi il interdisait la publication d'un livre consacré à vos galipettes privées tout en décrivant, dis donc, lesdites galipettes, alors là pour sûr à Emmen qu'on vous aurait balkanisationné comme un malpropre kosovar.

Fallait d'ailleurs bien s'attendre à ce que les électeurs d'Emmen se prononcent comme des Emmendeurs – mais vous avez choisi Genève où les banquiers font beaucoup pour les nationalisables qui ne risquent pas de tomber à la charge de l'État – et où ledit État est toujours prêt à encaisser la moitié des impôts que payeraient chez elles les stars du show, comme vous, ou du biz, comme M. Naon, cet autre Genevois qui déclarait à la télé : – Je suis une bonne Suisse (sic) – ce qui nous fait au moins un bon sic !

Donc tout allait bien pour vous, cher Alain, puisque nous avons lu que vous aviez fait serment, l'autre jour, avec une 50aine de candidats, d'être désormais un bon citoyen helvétique d'origine genevoise que je m'apprêtais à féliciter ici parmi les salons de massages lorsque – badaboum ! – l'info ajoutait qu'une réception traditionnelle invitait les nouveaux Suisses à se serrer la main en trinquant de l'autre...mais que le plus célèbre des Français, helvétisé depuis cinq minutes, venait de filer à l'anglaise comme un Américain mal élevé.

Comme excuse : un avion à prendre, pour Paris...

Eh ! bien non monsieur ! avec un « m » minuscule comme disait le général Cambronne, mieux élevé que vous. Car on ne prend pas l'avion de toute urgence (d'ailleurs, ce n'était pas vrai !) le matin où un pays vous fait l'honneur de vous ouvrir ses coffres. J'ai des amis dont les pères sont venus d'Italie à pied, jadis, pour construire nos maisons et percer nos tunnels, et qui ont attendu dix ans pour que leurs fils aient enfin le droit d'être Suisses malgré leur accent vaudois.

Un Parisien richissime qui vient se planquer dans un luxueux pied-à-terre fiscal devrait avoir la politesse – cette vertu si française que vous oubliez dès que vous voilà Suisse ! – de se frotter dix minutes à ses nouveaux concitoyens, de serrer des mains comme au Festival de Cannes, de lever son verre à la santé de ce pays que vous avez choisi par amour, bien sûr, et de ce canton où vous pourrez blanchir légalement votre argent – pas vrai ?

Cette honteuse sortie par la porte de service est à ajouter aux galipettes du livre que vous avez fait condamner avant sa parution – mais dont les extraits cités ont fait rire tout Paris plus vos nouveaux compatriotes qui lisent « Le Canard Enchaîné » !

En vérité je vous le dis, mes bien chers frères, ce Delon-là n'avait rien à faire chez nous dès lors qu'il en fout le camp dans les cinq minutes qui suivent son agrégation – pour aller boire en Suisse dans son vrai pays !

Mais pardonnons cette muflerie au père, en nous rappelant qu'il a fait cela pour que son fisc soit Suisse !

Arrêtez vos cloneries !

Or donc, j'ai cueilli ce titre dans un journal sérieux qui profitait de l'occasion pour tartiner un copieux commentaire sur le sujet dont il réclamait le boycott.

Titre habilement hypocrite qui fait croire au lecteur qu'il est scandaleux de diffuser de telles âneries tout en les lui délayant par pleines pages plusieurs jours de suite...

Pour un journal d'informations internationales, rien ne vaut une fausse info stupide qui permet, dans l'ordre, 1° de la diffuser ; 2° de dire le lendemain que c'est pas vrai ; 3° de s'indigner ensuite que l'on puisse répandre une telle ridiculosité sur la planète ; 4° puis d'expliciter pourquoi l'affaire n'a pas pu avoir lieu ; 5° enfin de condamner les imposteurs responsables de ce mauvais poisson d'avril – en oubliant complètement de les remercier d'avoir permis d'augmenter les ventes du canard par des affichettes alléchantes et des manchettes tapageuses...

Il s'agissait donc du fameux (?) clonage humain annoncé par l'ineffable Raël dans son blouson-chasuble de Christian Dior, se disant ambassadeur des Extra-Terrestres pour lesquels il est chargé de récolter des fonds destinés aux frais de leur installation terrestre après leur débarquement de plus en plus prochain !

Plus sérieux, y a que Jean-Paul II.

Même qu'il n'y a pas de quoi faire le malin, dis donc, vu que le pape, lui, n'a jamais été invité à monter dans une soutasse volante, alors que Raël a fait tout un stage intergalaxique avec ces dieux du cosmos qui l'avaient tout d'abord nominé avec Couchepin et Bernard Tapie avant de le choisir parmi 6 milliards de bipèdes et 1 milliard de pédés.

Même que ce choix pouvait paraître mérité puisque Raël avait débuté dans la chanson (comme moi) ; puis qu'il fit du journalisme (comme moi) ; durant quoi il faisait des dettes – toujours comme moi, dis donc, à la différence que je n'ai pas songé à tendre la soucoupe voleuse pour les payer.

Dommage, d'ailleurs ; j'aurais bien aimé, comme lui, me constituer une secte mondiale, les « Rollaniens » – qui sonne aussi bien que Raëliens qui, en plus, sont phonétiquement trop proches du peuple de M. Sharon pour attirer la sympathie.

Quant à la tentation de cloner des petits Rollan avec les voisines de la maison afin de créer une nouvelle race de super mecs pour repeupler la planète, j'avoue ne pas l'avoir éprouvée, – ce qui montrerait au besoin que je suis plus modeste que l'autre. D'ailleurs, Dieu qui fit déjà l'homme à son image, comme dit la Bible, a tous les jours l'occasion de déplorer le résultat de ce clonage originel ! – Si j'aurais su, j'aurais pas clonu ! doit-Il se dire entre deux « boum » dans son fauteuil de nuages.

Sans oublier, mes amis, qu'il clona Ève, peu après, avec une côte d'Adam – qui les avait en long tout exprès pour la sieste edenlique promise permanente, et qui dut (mairdalord !) se mettre à cultiver des pommes de terre à cause de la pomme en l'air qu'Ève cueillit et qui reste en travers de l'humanité sous le nom combien immérité de pomme d'Adam...

Le moins rigolo de cette imposture est que des gugusses moins bêtes mais plus dangereux que notre Raël, sont furax de la pub mondiale que ce vrai clown récolte grâce à son faux clone, pendant qu'eux-mêmes, apprentis « sourciers », cherchent sans rire à réussir, pour de vrai, à faire mieux que Dieu, dis donc, et n'ont même pas droit à une téloche culturelle du Drucker, vendeur de voitures d'occasion, ou de la môme à perruque rouge qui a l'air d'avoir retiré son string quand elle parle face à la caméra (TSR).

Car, hélas oui ! Des savants imbéciles (qui n'ont pas l'excuse d'être montés dans la soucoupe extra) sont en train de s'affairer à créer un enfant avec un cheveu de sa mère, – miracle attendu par toutes les lesbiennes en mal de maternité sans mâle.

Péché non catalogué : se perpétuer tout seul... Un peu, dis donc, comme une masturbation féconde. Ne serait-ce point là le secret du Pommier ?... « Alors vous serez l'égal des dieux ! », disait le Serpent.

Et comme il a bien dit **les** dieux (c'est dans la Bible), il y a de quoi se demander si Raël n'aurait pas tout tort... ?

En vérité, mes bien chers frères, si ces Extras-là étaient assez cons pour avoir choisi ce con-là pour nous préparer la Vie Eternelle qu'il nous promet, prions ! prions ! prions pour que le Serpent ait menti et que Dieu ne se soit pas trompé !...

Morts au champ d'honneur...

Or donc, les hommes qui ont « fait la guerre » sont, en général (et même moins gradés), très fiers de cet intermède.

C'est pourquoi les chances de voir la paix universelle m'ont toujours paru extrêmement aléatoires puisque, même chez les neutres, on trouve des anciens de la Mob de 39 encore tout glorieux d'avoir défendu le Gurten.

À plus forte raison chez nos voisins d'Outre-Jura où l'on vient de se décider à décorer de la Légion d'honneur les 3000 « poilus » survivants de celle de 14-18.

Il était temps, vu que l'aîné de ces héros est âgé de 107 ans et le cadet de 97 berges et qu'à ces âges-là, dis donc, on est à la merci d'un mauvais courant d'air.

À cette occasion, la télé nous a montré quelques-uns de ces honorables vétérans enfin honorés, et certains d'entre eux nous ont rappelé les quatre ans d'horreur quotidienne vécue dans la boue des tranchées et l'enfer des bombardements uniquement variée par l'assaut de la tranchée d'en face où tu n'avais que le temps d'enfoncer ta baïonnette dans le plexus du premier venu avant que celui-ci ne t'enfile la sienne dans le diaphragme sans prendre le temps d'appliquer le subjonctif, dis donc, qui voulait qu'il te l'enfilât.

La logique voudrait que celui qui a vécu cet enfer reste à jamais dégoûté de TOUT ce qui pourrait lui rappeler sa jeunesse gâchée, ses copains assassinés et ces années escroquées par des discours mensongers et des généraux criminellement incapables.

Eh ! bien, non…

Et, chose curieuse, la plupart des survivants sont, au contraire, tout contents et très fiers d'avoir accompli ce qu'on leur a fait gober pour un Devoir sacré !!!

Et ce n'est bien évidemment pas à un neutre, né à l'abri de l'arbalète, d'ironiser sur la naïveté de ces héros.

Donc pas de sourires, non, mais un constat d'étonnement devant le bonheur tant attendu de ces vétérans que la France a mis 77 ans à remercier de la Légion d'honneur…

On nous a cité le cas, apparemment unique, de l'un de ces nobles vieillards qui aurait répondu : – Non merci : c'est trop tard !…

Honneur (sans Légion) à ce preux qui, ayant fait Verdun ou La Marne, méritait de la recevoir de la main de Clemenceau et non de la patte d'un Chirac.

Quant aux autres trois mille survivants, les voici récompensés, avec 77 ans de retard, mais la plupart d'entre eux tout émerveillés de cette breloque inventée par Napoléon (grossiste en boucherie) pour féliciter les blessés rescapés, après avoir fait achever sur place ceux qui ne pourraient plus servir.

C'est dire que cet honneur impérial, s'il a pris du retard sous la démocratie, est d'autant plus apprécié des bénéficiaires d'aujourd'hui – dont beaucoup ont été ramassés sur le champ de bataille bien que ne pouvant visiblement plus servir…

Même qu'il y en a, dis donc, qui sont dans un fauteuil roulant depuis 77 ans !

Et qu'on en a signalé trois qui en sont morts, mais oui ! foudroyés d'une splendide émotion trop longtemps espérée en lisant la bonne nouvelle du 31 octobre de leur décoration du 11 novembre...

« Heureux les épis mûrs et les blés moissonnés ! » prophétisait Péguy avant d'être lui-même fauché aux premiers jours de la guerre de 14.

Je n'ai personnellement jamais aimé ce poème chauvin qui chante le bonheur d'être tué à 20 ans « dans une juste guerre » (sic).

Mais qu'on puisse – en plus ! – en mourir DE JOIE 77 ans plus tard me paraît décidément le sommet de la connerie.

Repos !

Et s'il n'en reste qu'un...

Or donc, même en chroniquant en Suisse dans un zeitung bitexte, il est impossible d'ignorer ce qui se passe à Paris – la Ville Lumière où brillent les plus beaux esprits de la politique, de la finance et de l'industrie.

Auxquels il convient d'ajouter depuis quelque temps certains juristes dont on retient moins biens les noms mais dont le mérite nouveau consiste à convoquer des personnages jusqu'alors « inconvocables » pour leur demander d'où venait l'argent qui ?...Ou bien : quand avez-vous rencontré M. Machin accusé de ?...Ou encore : Elf-ce que vous connaissez le numéro du compte de la blanchisserie de l'UBS ?...

Or ces convoqués inhabituels, et surtout inhabitués à répondre aux questions insolentes de ces petits juges qu'on pouvait naguère faire taire en les déplaçant à la Guadeloupe par un simple coup de fil au copain idoine, ces nouveaux convoqués sortent de ces interrogatoires imprévus en criant au scandale, à l'abus judiciaire, au harcèlement médiatique, à l'arrivisme des enquêteurs et au complot politique.

Et ils ont tous dans la voix et le regard cette sincérité indignée qui nous rappelle la belle époque où Bernard Tapie expliquait aux caméras que son bateau de 35 mètres et 18 cabines était nécessaire à la détente d'avant-match de ses footballeurs de l'Olympique de Marseille!

Et tant pis si je scandalise les honnêtes gens, mais j'avoue sans honte qu'après avoir passé ma vie à m'indigner contre les notables qui se conduisent comme des aigrefins, j'ai commencé depuis deux lustres à me marrer doucement devant le cortège de ces intouchables du gratin parisien «mis-zen-nexamen» sans autre forme de procès – dure-dure, dis donc!

Rappelle-toi, Barbara, ç'avait commencé par les diamants de Bokassa à Giscard. Autant de perdu, en passant, pour la vente aux enchères d'Epalinges (CH 1066). Ensuite, le maire Noire de Lyon. Puis le sénateur pas blanc de l'Oise. Puis le pédégé de Péchinet, décédé juste à point pour ne pas compromettre son ami(tterand). Et puis et puis et puis ces suicides oubliés, ces responsables «pas coupables», ce disCrédit Lyonnais qui coûte 1500 francs à chaque Français (impôt salaudarité) et puis et puis et puis jusqu'à Pasqua, dis donc, cet insoupçonnable Fernandel du patriotisme, et dernière victime d'une de ces erreurs pré-judiciaires – qui heureusement, ne l'empêchera pas, soutenu par l'électorat du Ricard (+ 2/3 d'eau), de se présenter à la succession de Chirac dès que celui-ci sera enfin lui aussi mis en examen pour cette batterie de casseroles dont sa femme ne sait plus que faire dans la cuisine du RPR.

Mais voici qu'à l'heure où nous écrivons ces lignes (comme disent les vrais journalistes), c'est l'inattendu Balladur, l'ex-premier ministre qui se trouve mis en cause par l'ex-d'ELF, l'imprononçable Loïk Le Floch-Prigent (sic) lui-même fraîchement condamné pour pétroleries en sous-main...Dès lors, je vous le demande, où va la France si l'on en arrive à soupçonner un Balladur???

Car, à défaut d'un air intelligent, voilà un homme qui présente le parfait profil du politicien intégralement incorruptible et tout à fait incapable d'accepter des pétrodollars pour se payer des spécialités thaïlandaises dans un salon de massage!

Je suis de ceux qui aiment trop la France pour accepter dans l'indifférence de voir chaque jour l'un de ses élus du peuple ou de la finance déboulonné par le zèle d'un enquêteur de la nouvelle vague oublieuse de l'antique tradition bien française qui était justement de ne pas faire de vagues...

Alors assez! Assez! Assez! Arrêtez le massacre! Et pour ce qui reste d'honneur au pays des Droits de l'Homme et du

Beaujolais, quitte à fermer les yeux sur ses très discrètes activités, de grâce, Messieurs les juges, ne convoquez pas l'Abbé Pierre!...

Les cacahuètes

Or donc, rappelez-vous : il n'y avait rien.

Le vide.

Et le silence, autour du vide – puisqu'il n'y avait rien à dire quand il n'y a rien à voir.

Mais comme des rumeurs s'élevaient çà et là, il fallut rompre le silence pour démentir – en souriant – ces rumeurs selon lesquelles le vide pourrait bien n'être pas si profond qu'on le laissait supposer...

Et lorsque les démentis (même souriants) viennent de responsables aussi respectablement sérieux que les principaux banquiers suisses, dis donc, ç'aurait dû mettre fin aux ragots, cancans, potins, calomnies et accusations mensongères qui voltigeaient autour du vide.

Pourtant, curieusement, les rumeurs persistèrent – et même se précisèrent – si bien que l'opinion se répandit peu à peu qu'il y avait quelque chose à la place de rien...

Ah! mais attention, hein, un tout petit quelque chose, éventuellement un oubli, tu vois, une négligence tellement insignifiante qu'elle avait passé quasiment inaperçue et que personne n'y avait pris garde dans ce pays si spécifiquement méticuleux, précis, honnête et tout!

D'ailleurs, de plus en plus péremptoire, le plus important de nos responsables financiers déclara officiellement : – Du reste, en admettant que l'on retrouve quelque chose, ça ne serait que des cacahuètes!

Mais les gens sont méchants, c'est bien connu, et voilàtipas que de mauvaises langues remettent la compresse en demandant combien de cacahuètes, dis donc! ça pourrait bien représenter des fois qu'on les retrouverait...

Là, notre péremptoire s'empressa de partir à la pêche, laissant à ses distingués confrères la corvée de compter les cacahuètes qui traînaient et le soin de communiquer le résultat aux médias à l'affût.

C'est ainsi que le vide originel fit place à quelque six millions de francs « en déshérence ».

Or comme il s'agissait de fonds juifs et que tout le monde sait que six millions de Juifs ont disparu dans l'Holocauste, j'ai immédiatement confronté les deux chiffres en me demandant s'il était raisonnable de supposer que chacun des disparus avait pris soin de déposer 1 franc à Zurich avant de partir pour Auschwitz...

Mais on ne pouvait pas publier une telle plaisanterie, n'est-ce pas ?

À moins d'être banquier.

Et encore! les nôtres ne tardèrent pas à se rendre compte que cette coïncidence de deux fois six millions pourrait passer pour une provocation de mauvais goût...

Et comme, en même temps, la pression internationale commençait à inquiéter les vachers de l'Emmental qui voyaient pointer le boycott de leur frometon, on décida courageusement d'arrondir les cacahuètes à 60 millions – en expliquant que la calculette taïwandaise de la Banque nationale s'était gourée d'un zéro par la faute d'un miston qu'avait droit croisé les piles à l'envers lors du contrôle mensuel.

Voilà donc, mes bien chers frères, comment et pourquoi les Suisses passeront longtemps encore pour les saligauds qu'ils ne sont pas, mis à part les détrousseurs de cadavres cités plus haut – dont, chose curieuse, aucun d'entre eux ne sera poursuivi pour tentative de détournement de cacahuètes...

Le code est mal fait, dis donc!

Le droit de s'asseoir

Or donc, les vendeuses de grands magasins ont le droit de s'asseoir.

Théoriquement.

Car, en réalité, si elles ont toutes de quoi s'asseoir, elles n'ont, en pratique, pas de quoi s'asseoir.

Pour les bilingues qui auraient ici de la peine à suivre (je n'ose dire qui auraient le chose entre deux chaises), cela veut dire que les vendeuses ne disposent généralement pas du siège qui leur permettrait de se reposer entre deux clients.

Résultat : la plupart d'entre elles passent la journée debout, ce qui indigne à juste raison les responsables de la Confédération romande du travail qui réclament un tabouret de secours afin que les employées puissent s'y reposer selon l'article 6 de la Loi sur le travail – que je ne connais pas, pour ma part, mon contrat avec le bureau Cortesi ne mentionnant nulle part que j'ai le droit de m'asseoir entre mes « Bonjour » (mais je suppose que la chose va de soi !)

Touts ces tabourets font donc beaucoup de bruit en ce moment, au figuré, bien entendu, puisqu'il n'y en a pas au propre !

Et comme on n'a pas oublié qu'il y a quelque temps, c'étaient les caissières qui se plaignaient de rester trop longtemps assises, je me demande si le syndicat des directeurs de grands magasins (faut qu'ils se défendent aussi, non ?) n'aurait pas intérêt à faire asseoir de temps en temps les vendeuses à la place des caissières qui pourraient ainsi se dégourdir les jambes en allant dépanner les clients en quête de vendeuses...

Car, il faut bien le dire, c'est là que – pour moi – commence le mystère de ce conflit social. Voilà des années que, pour mon malheur, je fréquente les grands magasins – mais sans jamais y croiser une seule vendeuse debout (ni assise, d'ailleurs). De temps en temps, j'y rencontre un magasinier portugais occupé à étiqueter des paquets de cacahuètes dont je n'ai pas besoin, et qui me répond « què jè souis là dalpouis questa matine ». Avec un peu plus de chance, il m'arrive parfois de tomber sur un chef de rayon encombré de papiers et visiblement pressé d'aller les porter ailleurs ; lui non plus ne sait pas où se trouve la vendeuse dont j'ai besoin, mais il m'assure, sans s'arrêter, qu'il va me l'envoyer « de suite » ; là-dessus, il pousse une porte marquée « Entrée interdite » et disparaît pour toujours dans un autre monde.

Moi, je fais comme vous dans ces cas-là, je continue mes fouilles dans la solitude du coureur de fond, je sonde le bac des fourchettes à escargots, je fouine dans le casier des boussoles marines, je drague parmi les tape-tapis, je fourrage dans la vaisselle « en action », je plonge dans les serviettes éponge, je brasse les pinces à linge, je remue des commodes imitation Louis-Philippe, je déplace des aspirateurs, j'écarte des « morbiers », je bouscule des bicyclettes, je repousse des Wienerlis, je renverse des boîtes à outils, je compare des eaux minérales, je m'égare dans les cafés sous-vide, je barbote dans les salades frisées, je bute dans les barbecues, je déroule de la saucisse à rôtir, je trébuche dans les râteaux, je fourre les doigts dans le vacherin – bref ! tout ça parce que je ne trouve pas de vendeuse pour m'indiquer où je vais bien pouvoir trouver les tire-bouchons...

Depuis plus de dix ans que dure ce manège, voilà belle lurette que j'en avais déduit qu'il n'y avait tout simplement plus de vendeuses dans les grands magasins. Surtout pas debout (ça se verrait de loin !), ni même assises (ça se trouverait de près !).

Et voilà qu'on vient me raconter que ces malheureuses employées se plaignent de devoir rester sur leurs jambes tout au long de la journée...Mais quelle journée, grands dieux ??? Mais quelles employées, juste ciel ??? Mais quelles jambes, nondedioux ??? Que l'on m'en montre deux, de jambes ! et je les remonterai d'un regard ébloui car je saurai alors qu'il y a une vendeuse au-dessus qui va pouvoir enfin me dire ce que c'est qu'une eau de table acratopège (sic) et à quel rayon j'aurais quelque chance de dénicher la dernière invention de l'horlogerie japonaise : la montre qu'on jette au bout de 24 heures.

Écoutez, tout le monde sait que j'ai le cœur à gauche et que si le sort des vendeuses de grands magasins nécessitait mon intervention, je n'hésiterais pas à consacrer un *Bonjour* à leur défense !

Mais j'ai la conviction que nous sommes là en présence de l'un de ces faux problèmes qu'on nous lance en ce moment dans les médias pour détourner notre attention des retombées de Tchernobyl... En voulant nous faire croire au martyre des vendeuses debout, la Confédération romande du travail, s'associant peut-être involontairement à l'Association suisse des Employeurs, pourrait bien être en train d'essayer de nous faire accroire que le client est non seulement toujours roi mais encore tyran – exigeant de plus en plus d'esclaves en blouses bleues et prêtes à satisfaire ses phantasmes les plus extravagants...

En vérité, je vous dis qu'il n'y a rien de vrai dans toute cette affaire.

La réalité est que c'est le Client – vous et moi – qui passe des heures DEBOUT, à courir sur ses jambes à lui pour trouver le vistamboire que personne n'est là pour lui vendre...

Pour ma part, client harassé par mes vaines recherches, je vous jure que, plus d'une fois, si j'en avais trouvé une, je serais allé m'asseoir sur une vendeuse...

Von Trenet!

Interviewé par *Le Figaro Magazine,* Charles Trenet nous révèle très simplement que l'origine de son nom est...allemande!

Son arrière-grand-père, officier du roi Frédéric II, s'appelait Von Trenck et couchait avec la sœur du roi – raison pourquoi il dut quitter la Prusse et s'exiler à Lyon où il se consola avec une tireuse d'or (c'est toujours Trenet qui raconte!) à laquelle il fit un enfant. Bon, et quoi?

Mais à l'état civil, un fonctionnaire courtelinesque comprit de travers le nom du père (l'accent prussien, sans doute?) et inscrivit TrenET au lieu de TrenCK...

Horreur et trahison: c'est dire que si l'aïeul n'avait pas couché avec la royale frangine, ce seraient les ALLEMANDS, dis donc, qui chanteraient:

POUM

Wenn ihre Herz macht POUM

Alles mit er sagt POUM

(und so weiter car ça devient laborieux)

et imaginez donc le moral des troupes teutonnes durant la der des der si la radio berlinoise leur avait diffusé à longueur de journée:

Süsse Deu...tschland:

Lieb Heimat von meiner Ju...gend!

Mairdalord! nous l'avons échappé schön! Déjà qu'ils avaient von Karajan pour le classique, vous voyez dès lors les bénèfs de la Deutsche Gramophon avec les chansons de ce Karl Von Trenck ??? En vérité, mes bien chers frères, bénissons ce roi de Prusse qui ne voulait pas que l'on couche avec sa sœur – et espérons que notre bien-aimé Trenet sans «ck» se décidera à nous écrire (nous y avons droit, Monsieur, après les risques courus!)

Grand-père était Prussien
Et caressait les seins
De la sœur du bon roi
Grâce à quoi je suis Moi!
Car sans ça, nom d'un chien!
Je s'rais parmi les siens
Un Von Trenck pas content
D'être un Trenet All'mand!

Vive le Roi! Vive sa sœur!
Et le c-k qui fut ma chance
Puisque c'est grâce à cette erreur
Que j'suis chez moi! Chez nous! En France!

Un compétent

Or donc, les temps ne se prêtant pas à la plaisanterie, on ne m'en voudra pas, je l'espère, de parler exceptionnellement d'un homme sérieux – que vous connaissez déjà par la télé romande qui fait appel à ses lumières plusieurs fois l'an pour nous expliciter les problèmes du moment.

Juriste, secrétaire d'État, chargé de mission, ambassadeur à Washington puis à Paris, représentant du Secrétaire général des Nations Unies pour le Moyen-Orient, – et j'en passe pour ménager la modestie qu'il dissimule sous cet air de tranquille suffisance de monsieur qui a, prêt-à-porter, un avis complet et une opinion définitive sur tout – et même davantage.

Légèrement empâté par les petits fours des réceptions et très élégamment «enveloppé» par les petits péchés d'une gourmandise qui se lit sur sa bouche sensuelle, Édouard Brunner au premier abord pourrait être à Peter Ustinov ce que l'emmental est au gorgonzola.

Mais on comprend vite que le personnage n'a nul besoin de comparaison pour imposer lui-même son allure d'angelot monté en graine et totalement satisfait de l'excellence permanente de son ex-Excellence passée à l'AVS.

Mardi soir, donc, 11 septembre, il était derechef à notre tévé dont le nioulouque a mis les présentateurs sur des sièges tournants et juché les invités sur des tabourets de bar.

Nouveauté inouïe d'audace – très tendance, tu vois ?

Comme toujours, tout le monde parle en même temps, surtout la Romaine qui la ramène à grand renfort sémaphorique des bras qu'on agite hors de l'eau pour ne pas se laisser noyer par Darius placé devant elle par un réalisateur manifestement miso.

Et, dès l'écran allumé, la rassurante présence de notre augure me rappela sa dernière prestation téléchosée de l'an dernier...

Est-il nécessaire de redire que le monde d'alors était plongé dans les horreurs serbes, le génocide des Tutsi du Rwanda, les millions d'orphelins africains du sida, les dictatures d'une demi-douzaine de tueurs tiers-mondistes, l'esclavage des enfants tapissiers, la prostitution organisée des fillettes indiennes, l'ozone qui se détruit en haut, la drogue qui nous détruit en bas, les mafias florissantes, les Irlandais qui s'entretuent, les Basques qui s'assassinent, les déchets atomiques qui s'entassent, les mines antipersonnel qui pèteront encore pendant 20 ans, les déserts qui avancent, les forêts qu'on recule, les innombrables petites guerres d'amateurs dont on ne parle plus, et celle qui durait depuis 20 ans en Afghanistan, les Kurdes dans les prisons turques, les boucheries d'Algérie, les voitures-pièges, les bombes dans les métros, les avions explosés, les touristes massacrés, les grands magasins dynamités, les otages égorgés, les exécutions de Pékin, la torture un peu partout, l'internationale des voyous désœuvrés incendiaires de bagnoles, la peine de mort réservée aux indigents noirs des USA, les sécheresses d'Asie, l'écroulement de la Russie, les milliards de dettes des pays pauvres, le chômage des jeunes, le désespoir des vieux, les hôpitaux débordés d'urgences, les licenciements planétaires, et toujours le tiers de l'humanité sous-alimenté, la moitié sans eau, et chaque jour les 30 000 gosses qui meurent de misère et que je rappelle de temps en temps car, d'une fois à l'autre, dis donc, c'est plus les mêmes – et ça en fait 1 000 000 par mois !

C'était donc dans ce contexte quotidien qui désole le pape payé pour ça et attriste tous les politologues – même les plus bornés de droite – que notre Brunner, dans son sourire de Bébé Cadum bien nourri, déclara posément et en substance que tout n'allait pas si mal qu'on le disait et que lui se déclarait résolument optimiste face au 3ᵉ millénaire qui s'ouvrait (sous ses yeux zéblouis que j'ajoute).

Du coup, n'est-ce pas mes bien chers frères, on comprend que notre tévé ait fait appel à cet étincelant pronostiqueur pour commenter à chaud les tragiques attentats du matin – qui, c'est le moins qu'on puisse en dire, ne s'inscrivaient que très discrètement dans les prévisions brunneriennes de l'an dernier.

Pour ma part, ayant zappé dans les 45 secondes, je n'ai pas attendu de connaître les nouvelles prévisions de ce fin connaisseur du Moyen-Orient.

Mais je m'étonne que personne ne lui ait rappelé qu'il y a des soirs où il ferait mieux d'aller se coucher en relisant les Centuries de Nostradamus, – un autre grand compétent.

Comme disait Coluche.

C'est pas moi !

Or donc, vous le savez, il y a deux genres de presse : la bonne et la mauvaise.

La mauvaise est évidemment la meilleure pour les éditeurs qui s'en mettent plein les poches en publiant les photos que nous savons.

On l'appelait naguère la presse de boulevard, mais elle est devenue la presse « de caniveau », – titre inventé par la bonne pour se distancer de la mauvaise.

Donc, les journaux de caniveau font de l'argent en publiant des indiscrétions d'alcôve ou de piscine, appelées « scoops », sur l'intimité des stars du show-biz et autres vedettes de l'actualité, illustrées de grandes photos-couleurs montrant les intéressées (qui ne le sont pas toujours !) dans des postures intéressantes pour les lecteurs, nombreux hélas, de ce genre de journaux-là.

Le meilleur scoop étant, bien entendu, une jolie femme célèbre et divorcée en bikini sur le yacht d'un milliardaire pas sympa, et le prix de la photo étant triplé par l'éditeur si le paparazzi planqué dans les chiottes a le stoïcisme d'attendre que la dame retire le haut pendant que le mec pas sympa retire son cigare pour lui bécoter les genoux.

Rappelez-vous : L'idéal jamais égalé fut jadis la belle Jackie Kennedy-Onassis qui avait ce jour-là retiré également le bas et déambulait, totalement nue, sur la plage secrète d'une île privée, propriété de son armateur. L'approche étant déconseillée à deux kilomètres au large par des patrouilles de noyeurs diplômés, il fallut un vrai télescope pour ce scoop-là – à vrai dire assez flou mais suffisant pour identifier la noire pilosité de l'ex-présidente des USA.

Lors, d'ailleurs, je n'avais pas compris qu'Onassis – qui avait les moyens de se payer des tueurs aquatiques – n'ait rien fait pour retrouver sur terre le reporter afin de lui faire avaler son télescope par où vous ne pensez pas – sous les flashes des concurrents alléchés par un scoop, là, qui se serait vendu, dis donc, à un tarif jamais atteint...

Mais, vous l'avez constaté, la bonne presse se contente tous les matins d'un beau-père à Strasbourg qui a violé sa belle-fille, et d'un instituteur de Dijon qui se masturbait sous la douche de la salle de gymnastique, – ce qui constitue, pas vrai, des informations d'une portée culturelle aussi enrichissante que le camion qui s'est renversé à la sortie de la bretelle de Divonne.

À part quoi, les journaux de la bonne presse assument périodiquement et bien volontiers à titre bénévole, investis qu'ils sont d'une mission de police morale, la tâche salubre de condamner les excès des journaux de caniveau. Et alors là, dis donc, qu'est-ce qu'ils prennent dans les rotatives les confrères susdits « au niveau de la déontologie » !...Dignité de l'Information, Droit à la Vie Privée, Respect de la Personne humaine, Limites à ne pas franchir, Egards dus au Lecteur, j'en passe et des Meyer (Frank A.).

Mais comme il faut bien expliciter la motivation de ces vertueuses indignations, les journaux de la bonne presse se retrouvent quasiment obligés de publier à leur tour la photo scandaleuse qu'ils ont condamnée trois jours plus tôt...

Et comme, entre-temps, la télé a ressenti elle aussi le devoir de descendre elle-même dans le caniveau pour condamner le document impubliable, purifié par le commentaire réprobatoire du présentateur qui, pour la circonstance, a diaphragmé son regard d'évangéliste, le prix de la photo achetée lundi en scoop à 500 000 dollars est descendu jeudi à 300 balles pour la très honnête Julie qui nous le reproduit avec des pincettes...

Le dernier scoop était donc le fameux «The Kiss» montrant très flou le pull rose de la pauvre Diana embrassant un type qu'on ne voit pas.

Vous l'avez vu, nous l'avons vu, je l'ai vu.

Or je ne lis aucun journal à scoop et je n'entrouvre aucun magazine – même pas les vieux «Paris-Match» chez mon dentiste. Alors quoi non vrai sans blague hé mairdalord, de-qui-se-moque-t-on (comme dit la bonne presse), puisque j'ai vu **quinze fois** «The Kiss» en une semaine???

Tout simplement dans les journaux convenables et dans les TJ des télés familiales.

Alors, à ce rédenchaiffe qui a le culot de titrer «**Nous avons tous tué diana**» tandis que son compère du même groupe (hé dis, presse pas!) se demande plus ingénûment «**Qui l'a tuée?**» moi je réponds:

Pas moi messieurs!

Mais vous, oui!

Car sur le boulevard, à côté du caniveau, il y a le trottoir.

Vous verrez dans vingt ans!

C'est par cette prédiction optimiste qu'on nous annonce périodiquement les grands chambardements qui vont bouleverser la vie terrestre en lui apportant le Progrès, le Confort, la Prospérité.

Pour tous!

Mon enfance fut enchantée par la promesse du bonheur-bouton. – Dans vingt ans, disaient les augures, tout marchera sans l'homme: il suffira d'appuyer sur des boutons.

Mais vingt ans après, à part les boutons d'ascenseur qui, en effet, s'étaient multipliés, les mineurs continuaient à piocher le charbon, les terrassiers à étaler le goudron, les pêcheurs à braver la tempête et les dactylos à taper des salutations distinguées.

C'était le temps où un nommé Staline assurait à 200 millions de camarades que «dans vingt ans» tous les Russes vivraient au paradis. On a même appris, par la suite, qu'il avait considérablement raccourci ce délai pour neuf millions d'incrédules ou d'impatients.

Un autre moustachu, gueulant beaucoup plus fort, prit le relais pour jurer que l'Allemagne «dans vingt ans» serait la plus kolossale réussite du siècle.

À noter au passage qu'à quelques années près, celui-là au moins ne s'était pas trompé...

N'empêche qu'à part cette exception, le coup des «dans vingt ans» est une formule que la nouvelle génération a raison de repousser au cri scandé de : » Tout-et-tout-de-sui-te ! »

Car vingt ans après leur prophétie, les prophétiseurs ne sont généralement plus là pour récolter les coups de pied au cul qu'ils ont mérités vingt ans plus tôt.

J'y repensais ces jours à propos de mon ami Samuel Chevallier...

Par un hiver particulièrement dur, un enfant était mort de froid, dans une baraque sans nom. Et non pas à l'autre bout du monde – où nous sommes habitués à ce genre de drames, surtout depuis que nous versons tous les deux ans une thune à Edmond Kaiser pour qu'il arrange ça – mais à quelques dizaines de kilomètres de Bienne, entre Dijon et Nancy.

Or donc, dans une baraque sans boutons, un homme avait passé la nuit à tenter de réchauffer son nouveau-né en l'entourant de quelques briques ramassées sur un chantier voisin et qu'il chauffait alternativement sur un feu de fortune...

Au petit jour, l'enfant ne vivait plus.

Pour les jeunes qui me liraient peut-être, je préciserai que Samuel Chevallier n'est pas un auteur du Moyen Âge. Le drame de ce gosse date de «vingt ans», à peine plus. Mais Samuel, qui était mon aîné, avait déjà entendu plusieurs fois dans sa vie que «dans vingt ans» plus personne n'aurait froid – ni faim.

Il avait aussi entendu tous les grands de ce monde promettre la Paix par le Désarmement.

Et dans sa généreuse amertume d'humoriste, il s'est dit ce jour-là que le pays de la Croix-Rouge (le sien) devrait réduire ses dépenses militaires et consacrer ce coûteux superflu aux enfants qu'on laisse crever – avec ou sans briques chaudes.

Ce fut là le départ d'une initiative populaire (le plus noble droit de la démocratie helvétique) que j'eus l'honneur de lancer dans mon propre journal, - ce qui me valut de partager avec l'initiateur la plus formidable avalanche d'insultes et de calomnies jamais déclenchée dans la presse bien-pensante.

Les journaux alémaniques, qui détiennent de droit divin le monopole du patriotisme et l'apanage du bon sens politique, nous traitèrent plus bas que Welches et laissèrent entendre que nous étions tout simplement soudoyés par Moscou – où je m'étais rendu, d'ailleurs, pour accompagner, avec d'autres, le Lausanne-Sports. Mais il n'y a pas de fumage sans foyer, nicht wahr... Alors, hé? Lausanne-Sports, mon œil!

L'œil de Moscou.

Dans ce concert de sottises, quelqu'un nous avait expliqué poliment (c'était toujours ça de pris) que nous avions grand tort de nous agiter pour des armes trop chères et des enfants trop pauvres car, nous assurait ce nouveau prophète, «dans vingt ans» et grâce à l'énergie nucléaire, plus personne n'aurait froid et plus personne n'oserait déclencher une guerre...

J'ai repensé aux prévisions de cet hurluberlu en lisant dans le journal de l'autre jour qu'un enfant était mort de froid, l'autre nuit, dans une maison, quelque part en France.

Une maison toujours sans bouton – où des miséreux d'un autre âge ne parviennent pas à maintenir une température de 8 à 10 degrés.

Entre le petit martyr qui avait révolté Chevallier et la petite victime de la semaine passée qui n'intéresse personne, combien de milliards avons-nous versés dans les caisses de la famille Bührle?

«En vingt ans»...

Et dites-moi donc ce qui a changé durant ce temps-là dans ce monde d'imbéciles?

Rien dans l'horreur, ni dans l'injustice, ni dans l'égoïsme. Rien, sinon que le nombre des imbéciles s'est multiplié par le nombre des automobiles.

Hitler avait promis une automobile à chacun.

Promesse tenue.

Mais il n'a jamais rien dit pour le chauffage.

Surtout celui des Français.

Voilà pourquoi, à 50 kilomètres de Bienne, un enfant peut encore mourir de froid.

Et le plus désespérant que j'ai à dire aux jeunes qui me liraient ici, c'est qu'en l'an 2000, ça n'aura pas changé.

Vous verrez dans vingt ans...

Pas moi.

Hi! Hi! Hi! Hi! Hi! Hi!

Or donc, chacun dispose d'un poste de télévision qui lui apporte à domicile les nouvelles du jour, les événements du mois, les catastrophes de la semaine, les matches de saison et les divertissements que l'on sait.

Il est dit quelque part que l'homme ne vit pas seulement de pain. Pour oublier sa destinée mortelle et se délasser de ses ennuis quotidiens, il a besoin du Rire – ce phénomène qui n'est propre qu'à son espèce et qui le distingue même du singe, son propre cousin.

Conscients de leur mission culturelle, les responsables de la télévision mettent le paquet «au niveau» de la rigolade, et c'est à qui fera marrer le maximum de citoyens par les moyens les plus efficaces – l'un de ceux-ci étant le «feuilleton» qui apporte dans les familles les aventures hilarantes d'une autre famille où le lait vient au feu pendant que la belle-mère est au téléphone, où le facteur entre dans la salle de bains, où les enfants traversent le salon à bicyclette, où les invités arrivent un jour trop tôt, où les pompiers débarquent par erreur, où le télégraphiste sonne alors que maman est sous la douche, où le chien aboie quand on voudrait écouter du Mozart, où les déménageurs apportent des pianos à queue qu'on n'a pas commandés et où mille autres facéties tout aussi originales sont aménagées pour la joie des téléspectateurs.

Le tout est joué à la vitesse grand V par des acteurs comiques qui hurlent un dialogue dont les meilleures répliques sont du genre: «Non mais dis donc, tu m'as bien regardé?», ou bien: «Hou là là là, ça va pas la tête non?», ou encore: «Mais sans blague, de quoi je me mêle?», ou mieux: «Ah! j'vous jure! qu'est-ce qui faut pas entendre!», ou aussi: «Si je te dis qu'il me l'a dit, c'est qu'il me l'a dit j'te dis!»...Bref! vous connaissez par cœur ces désopilantes plaisanteries qui retentissent dans vos salons entre 19 et 20 heures.

Rien de bien nouveau, c'est vrai, puisque ces recettes éprouvées font rire depuis le fond des âges les générations successives de citoyens ayant par ailleurs le droit de vote et, en plus, celui de procréer...

Non, mais ce qui est inédit, c'est le souci que lesdits responsables de nos loisirs télégéniques ont de nous faire rire AU BON MOMENT!... Naguère encore, chacun pouvait rire à sa guise et selon ses goûts, ce qui amuse Dupont ne faisant pas forcément le même effet sur Durand.

Eh bien, il faut croire que ça faisait désordre car il a été décidé (par les Américains, comme il se doit) que tout le monde devait rire en même temps, aux mêmes endroits et pendant la même durée!!!

C'est pourquoi toutes les sortes de rires sont aujourd'hui enregistrés et livrés avec les séries ou les feuilletons destinés à nous amuser – ce qui vous épargne le souci éventuel de guetter le moment où la situation devient drôle…

Déjà, depuis longtemps, nous étions condamnés aux bravos forcés par les zanimateurs de variétés: – Et je vous demande de l'applaudir bien fort! retentit trente fois par dimanche dans les émissions de Jacques Martin, relayé depuis par Michel Drucker qui s'est fait piquer le truc par Patrick Sabatier.

Obligé d'applaudir sur commande, voici que le public est maintenant obligé de rigoler aux endroits prévus par les auteurs de gaudrioles.

Chiche que dans deux ans, ils nous ajouteront les sanglots dans les scènes déchirantes!

On aurait pu, remarquez, nous donner l'ordre «RIEZ!» écrit en lettres clignotantes au coin de l'écran. Mais par une délicatesse extrême, ces messieurs ont enregistré de véritables rires destinés à entraîner les nôtres…On ne saurait se montrer plus aimable!

Quant à moi, je vois là un avantage probablement imprévu par nos responsables. C'est que, du moment qu'on rit pour vous, vous n'êtes plus obligés de rire pour eux…Ainsi débarrassés de cette corvée, vous pouvez carrément couper le son et lire tranquillement votre journal.

Caroline…

Est-ce parce que la rue était au-dessus ou, plutôt, parce que l'école se trouvait en contrebas (Lausanne a des particularités géologiques que je ne me chargerai pas d'expliquer), toujours est-il que je n'ai pas résisté au bonheur d'un instant qu'offrait la vue plongeante dans une classe de filles – dont l'une d'entre elles, au premier banc près de la fenêtre (pressentiment ou indiscipline ?), ne résista pas au plaisir inverse de regarder ce qui se passait sur le trottoir d'en dessus...

Nos regards se croisèrent...et se plurent...puisque la voilà qui m'envoie, sans autre protocole, un grand coup de sémaphore de son bras qu'elle balance dans les airs ! Heureuse époque où les enfants n'ont plus peur de la réprimande magistrale, et où une mômminette de 14 berges, au lieu de tirer la langue au croulant indiscret, lance à travers les vitres – et le temps ! – un joyeux salut à l'ancien petit garçon qui lorgne une seconde dans sa propre enfance...

Car c'est bien de cela qu'il s'agit. Et perché d'où je regarde, me voici deux fois « Un homme se penche sur son passé ». D'où le geste complice de la gosse, qui efface les barrières des âges. Visiblement la gentillesse de son sourire dit qu'elle a bien compris que ce type qui espionne n'est qu'un petit copain qui zieute.

Et sa fenêtre de classe, du coup, devient la fenêtre d'un train de vacances d'où tous les enfants du monde font des bonjours frénétiques à des gens qu'ils n'ont jamais vus et qu'ils ne reverront jamais. Il n'y a plus de messieurs, il n'y a plus de dames, il n'y a plus de « respect » pour les adultes : il n'y a qu'une grande fraternité pour toute l'espèce. Salut, les paysans ! Salut les militaires ! Salut le facteur !, salut ! salut !

Plus tard, bientôt, bien trop tôt, nous apprendrons à ne saluer que ceux qui le méritent. Les voisins qui vous détestent, les notables que l'on craint, les clients que l'on flatte, les présidents qui nous sont utiles. Mais jamais plus nous n'aurons ces grands saluts spontanés et enfantins pour un inconnu qui est des nôtres, qui fut l'enfant que nous sommes ou l'adulte que nous serons.

Tout cela qui se lit dans le regard amusé de ma copine m'émeut comme un ancien refrain de Trenet. Autant dire qu'elle ne sait pas de qui je parle, en ces temps de terrorisme culturel où les matraqueurs d'enfants leur apprennent que Bob Dylan est le seul pied. Qu'importe ! la fenêtre qui nous sépare nous rapproche en empêchant « la communication » – cette grande imposture que les cuistrologues célèbrent à longueurs d'ondes en gueulant chacun plus fort que l'autre qui ne l'écoute pas.

Nous n'aurons donc pas « communiqué », au sens sociotruc des types à la mode de contestataires, mais nous nous sommes reconnus, inconnus fraternels des quinze secondes que le train nous laisse pour les grands saluts avant de s'engouffrer dans le tunnel.

Alors, juste avant le tunnel, comme il fallait bien répondre à l'amusante provocation de la grande fille ; comme il faut bien dire merci au sourire qu'on vous lance de si bonne grâce ; comme je ne pouvais pas tirer un coup de chapeau à une môme qui aurait trouvé ça godiche ; comme elle n'était plus d'âge que je lui fasse un guili-guili paternaliste, j'ai choisi de la traiter en femme en me conduisant en homme : j'ai posé un baiser au boit de mes doigts...et je l'ai lancé, bras tendu, en direction de la belle.

Et voyez-vous combien j'avais raison ! Ce baiser, qui aurait fait pouffer une sotte, a manifestement ravi ma Caroline – vite retournée vers sa compagne de banc pour lui souffler quelque chose de gentil – j'en suis certain – qui devrait être à peu près : « Regarde, Cathy : y a un vieux mec qui m'envoie des bisous ! »

Et voici que l'autre, à son tour, se penche du train et sourit au facteur attendri...

Contre cette amitié toute fraîche, cette grâce si jeune, je voudrais moi aussi offrir quelque chose de moi, de ma jeunesse – et l'idée me traverse, maboule, de faire un pas de charleston... Car j'avais votre âge, Caroline, lorsque cette joyeuse danse enchantait nos récréations. Mais Prévert me souffle que les passants qui passent pensent qu'il n'est pas convenable de faire un pas de charleston pour distraire des enfants studieux. Ils ne savent pas, les passants que l'enfant c'est moi. J'ai reçu ton salut comme un gosse – mais toi, tu as pris mon baiser comme la femme que tu es déjà. La preuve est que tu t'es empressée d'en parler à ta meilleure amie !

Des baisers, Caroline, tu vas en recevoir beaucoup dans ce long tunnel où le train t'emmène. Des verts et des pas mûrs, pour commencer. Puis des merveilleux, des éternels, des pour toujours. Et puis des volés, des coupables, des traîtres, des honteux. Et même, plus moche encore, des traîtres sans honte – car le tunnel, tu verras, est dur à traverser sans trahir sa jeunesse...

Moi je ne serai plus là pour lorgner dans ta vie. Mais si le Hasard voulait que tu me lises ici, souviens-toi du baiser de ton petit copain à travers la balustrade.

Était-ce ton premier ? J'aimerais bien. Les garçons voudraient toujours être le premier...Là où je serai, les baisers sont invisibles. Et j'en mettrai partout, tout le long de ta route, aux arbres, dans le vent, sur la rose qu'un autre t'apportera, au bord du verre où tu boiras. N'oublie pas Caroline. N'oublie pas ce monsieur qui ajustait ses lunettes pour mieux te voir, mon enfant, et que ton bonjour a traversé comme un éclair de jeunesse...

C'est pour cela que je ne t'oublierai pas. Car le sourire de la jeunesse «Cela porte un très beau nom», cela s'appelle l'amour.

Et puisque tu ne me liras pas, je puis bien te l'avouer, c'est un petit garçon qui s'est arrêté, mais c'est un homme qui a lancé ce baiser à la femme que tu seras.

Tu vois bien que je suis le premier...

Ça n'aura duré que quinze secondes, peut-être moins encore, mais j'en connais des tas que je ne connais plus et dont le train, pourtant s'est arrêté plus longtemps dans ma gare.

Bon voyage, Caroline, mon premier amour retrouvé. Ne tue pas les bourdons qui te feront escorte. On ne sait jamais...Nous nous retrouverons peut-être au bout de ton tunnel...A tout à l'heure ?

Ça passe si vite, soixante ans...

Béjart

Tu tues le tuttu!

Bande de menteurs

Or donc, je mens, tu mens, ils mentent, vous mentez – poil au mentons!

C'est de nouveau sur la base d'une étude scientifique (Université de Californie du sud) que la presse nous révélait récemment cet important élément du comportement humain.

Car, attachez vos ceintures: vous mentez 200 fois par jour – soit à peu près toutes les 8 minutes...

Et cette enquête ne parle pas des gros menteurs, comme Landru dis donc qui n'avoua jamais les assassinats de huit fiancées successives qu'il avait fait disparaître dans son fourneau potager en jurant à chacune qu'elle serait sa femme au foyer, – gros mensonge!

Non – il ne s'agit que des petits menteurs normaux comme vous qui me lisez et moi qui vous écris.

À coups de mensonges plus ou moins «mensongers», donc plus ou moins condamnables, nous mentons.

Mais il paraît que c'est indispensable...

Par politesse, par lâcheté, par hypocrisie, par confort, par paresse ou par habitude.

Exemple donné par l'enquête californienne, vous mentez lorsque vous dites au téléphone: *Excusez-moi de vous déranger,* car ça vous est complètement indifférent d'importuner le monsieur que vous appelez pour obtenir le renseignement dont vous avez besoin. Mais si vous commenciez par lui dire franchement: *Je me fous complètement d'interrompre votre pause-café!* vous auriez toutes les chances de vous faire envoyer sur les roses...

Partant de là, on peut aisément imaginer le nombre de «mensonges» que la vie quotidienne nous inspire – voire nous commande! Ainsi me suis-je surpris l'autre jour dans l'Intercity de Genève en train de dire «Merci!» au type qui me poinçonnait mon billet...

Et tout aussi menteur que moi, l'autre m'a répondu:
– À votre service!

Tout ça pour un trou que je ne lui avais pas demandé dans un ticket pour lequel j'avais déjà dit «S'il vous plaît» pour l'obtenir au guichet d'un mec qui m'avait déjà répondu «Je vous en prie!» en me rendant la monnaie dont je l'avais moi-même remercié comme s'il me faisait un cadeau de sa poche!

C'est comme le «Comment allez-vous?» dont on nous harcèle toute la journée, alors que très peu de gens vous posent cette question pour savoir comment vous allez vraiment!

Là donc aussi mensonge auquel vous répondez par cet autre mensonge: – Très bien, merci, et vous?... alors que vous n'allez pas bien du tout entre la gueule de votre patron because la conjoncture, l'humeur de votre femme because la machine à laver en panne, le carnet scolaire de l'aîné because le patin à roulettes, et la 5e lombaire qui coince depuis cinq jours because le kinésithérapeute en croisière sicilienne avec la Migros-Loisirs.

Voilà donc comment, mes bien chers frères, nous arrivons par finir, ou finissons par arriver, à mentir 200 fois par jour le plus simplement du monde afin d'assurer **le bon fonctionnement de la société,** d'après le rapport de l'université susmentionnée.

– N'ayez pas peur! dit le dentiste en vous enfilant une aiguille de 4 cm dans la gencive.

– Je t'aimerai toujours! halète l'amoureux qui pressent déjà que ça ira moins loin.

– C'est dans l'intérêt de la France! proclame Chirac en regardant droit dans la caméra les Françaises et les Français.

Eh! oui, sans ces petits mensonges toutes les huit minutes, la vie ne serait pas vivable et le monde ne tournerait pas rond.

Et là, dis donc, je peux vous jurer – excusez-moi! – que c'est la vérité!

Il est mort le poète…

Que reste-t-il de nos amours?…
J'avais vingt ans, t'étais jolie,
Je t'avais dit : C'est pour toujours!
Et tu as cru à ma folie…
C'est un peu la faute à Trenet
Car tous les amants de l'époque
Croyaient tant tout ce qu'il chantait
Qu'ils se juraient la réciproque!
Charmant Trenet, cher troubadour,
En dansant sur vos mélodies
Combien d'amourettes d'un jour
Auront duré toute une vie…
Personne au monde (à part les sourds)
N'a pas du Trenet dans sa poche
Un bout de lune, un calembour,
Un coin de ciel, deux doubles-croches,
Un peu pareil à Jésus-Christ
Vous avez semé des paroles
Qu'on sait par cœur, vague ou précis,
Comme «Moi, j'aim'les paraboles»…

Ça fait donc plus de soixante ans
Que je vous fredonne dès l'aube
Tout comme si, sans supplément,
Vous étiez compris dans l'eau chaude…
Multiplié par tous les gars
Faisant cette hydrothérapie
Ça aurait dû vous faire un tas
De suppléments de royalties!…

Mais je le dis sans rigoler :
À part les amours que j'ai dites,
Je suis de ceux qui ont volé
Tant bien que mal à votre suite.
Vous avez fait mille chansons
Qui ont bercé mes insomnies
Je les «croonais» à ma façon
Au début…pour gagner ma vie
Mais plus d'une est restée en moi
Comme ces romances bohèmes

Qu'on garde au cœur au point qu'on croit
Qu'on les aurait faites soi-même…

Quand la radio vous diffusait
On vous croyait de la famille
Et par la porte qui s'ouvrait
Vous entriez en espadrilles…
Ces chansons de trois fois vingt ans
Nous tiennent toujours compagnie
Et c'est soudain que je comprends
Qu'elles ont enchanté ma vie.

Hélas! des premières amours
(«Et le vent du nord les emporte…»)
Me reste que les regrets lourds
Car cette chanson-là est morte…
Et l'autre matin – jour maudit! –
C'est sur l'air de la «Douce France»
Que la radio nous avertit
De votre ultime révérence:

Ma jeunesse est morte à l'instant
Où je paraphe cet hommage
Car grâce à vous j'avais vingt ans
Dès lors j'aurai bientôt votre âge…
Ainsi longtemps, longtemps, longtemps,
Vos airs m'auront aidé à vivre
Mais voici qu'arrive les temps
De penser à fermer le livre…

R.

Table des matières

ACHEVÉ D'IMPRIMER
EN AVRIL 2003
SUR LES PRESSES DE
L'IMPRIMERIE DU LION
90700 CHÂTENOIS-LES-FORGES
DÉPÔT LÉGAL : 2^E TRIMESTRE 2003
N° D'IMPRIMEUR : E3031779